外国人のための やさしく学べる 介護の知識・技術

改訂版

一般社団法人 海外介護士育成協議会 編集　甘利庸子 編著

中央法規

はじめに

　これから　介護を学ぶ　みなさんへ。

　この本は、日本語能力試験４級相当に　合格した　外国人が、日本の介護を　学ぶための　テキストとして　作りました。大切なことをしっかりと覚えて、みなさんが　実際に　仕事をするときに　困らないようにしました。

　また、できるだけ　やさしい言葉を　使って、介護職員初任者研修のテキストとしても　使えるように　作りました。

　2019年12月から　始まった　COVID-19（新型コロナウイルス感染症）の　感染の　広がりは、人々の　暮らしを　大きく変えました。マスクや　手洗いなどの　感染対策が　とても　大切に　なりました。この　改訂版では、感染対策について　詳しく書きました。

　何度も　復習して、自信をもって　実習を始めましょう。

　それぞれの実習先で　仕事のシフトや　やり方は　違いますが、基本を覚えれば　大丈夫です。

　介護は、自立支援という　考え方が　とても　大切です。どうしたら、その人が　自分らしく　生きていけるのかを　考えて　介護を　しましょう。

　私たちは、みなさんに　日本で　楽しく　幸せに　生活してほしいと願っています。　そのために、日本語を　一生懸命　勉強しましょう。正しい　介護の知識を　覚えましょう。

　介護は　感動が　いっぱいの　すばらしい　仕事です。

　このテキストを　手にした　みなさんが、自分のために、新しい　人

生を 歩き始めることが できますように。

　　一緒に頑張っていきましょう。

甘利庸子

目次
もく じ

第 1 章　職務の理解
だい しょう しょく む り かい

第 2 章　尊厳の保持と自立支援
だい しょう そん げん ほ じ じ りつ し えん

第 3 章　介護の基本
だい しょう かい ご き ほん

第 4 章　介護と医療の連携
だい しょう かい ご い りょう れん けい

第9章 こころとからだのしくみと生活支援技術

第10章 生活支援技術演習

本書の特長と使い方

●介護職員初任者研修の　カリキュラムに準じています。

●特定技能「介護」にも　使えます。

●日本語能力試験4級相当の　合格者が　理解できるように、日本語教師が　できるだけ　やさしい言い方に　直しました。また、施設などで　あまり　使わない言葉や　難しい説明を　減らしました。

●大きな字で、すべての漢字に　ふりがなを　つけています。

●できるだけ　イラストを入れて、理解しやすくしました。

●長い文章は、理解しやすいように、意味の区切りに　スペースを入れて、分かち書きに　してあります。

●大切な言葉には、文字に　色を　つけています。

●長く　ずっと使えるように　作りました。

●この本の　補助教材「外国人のための　やさしく学べる介護のことば」を　先に覚えましょう。この本を　勉強していて、わからない言葉が　出てきたら、「外国人のための　やさしく学べる介護のことば」で　調べてください。

●「外国人のための　やさしく学べる介護のことば」に　出てこなかった　難しい言葉は、太い文字にして　欄外に　説明を　入れました。

●わからない言葉が　出てきたら、矢印の　参考のページを　開けば詳しい説明が　出ています。

6

第1章

職務の理解

日本では　2000 年に　介護保険制度が　始まりました。

高齢者の介護を　社会全体で　支えるしくみです。

はじめに、介護保険サービスを　理解しましょう。

そして、日本の　介護の考え方を　理解しましょう。

はじめに

　みなさんの　おばあさんや　おじいさんを　思い出して、いつも笑顔で、優しく　高齢者[※1]に　接してください。

　高齢者の　耳が　よく　聞こえなくても、大きな声を　出さないでください。高齢者の　顔を　見て、ゆっくりと　優しい声で　話してください。**信頼関係**[※2]が　できれば、高齢者は、みなさんを　自分の孫のように　話してくれます。

　周りの人との　信頼関係を　作りましょう。信頼関係が　できれば、周りの人が　みなさんを　助けてくれます。

　そのために

1. 自分から　あいさつを　しましょう。

- おはようございます。
- 失礼します。
- ありがとうございます。
- すみません。

2. 日本では、報告・連絡・相談を　とても　大切にしています。
　自分がした仕事を　きちんと　報告（➡ 61 ページ）しましょう。
　大切な情報を　みんなが知るために、連絡（➡ 61 ページ）をしましょう。困ったときや　つらいときには、周りの人に　相談（➡ 62

高齢者[※1]：65 歳以上の　人。
信頼関係[※2]：お互いに　信じて　頼れる関係。

ページ）しましょう。そうすれば、周り
の人が みなさんを 助けてくれるで
しょう。

　報告・連絡・相談を きちんとできる
人は、周りから 信頼されます。

3．時間を 守りましょう。

　日本は、時間や 約束を きちんと 守る 国です。

4．身だしなみを 整えましょう。

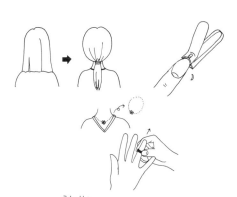

- ●髪を 結ぶ（しばる）。
- ●爪を 切る。
- ●ネックレス・指輪を はずす。

5．困ったり、わからないことが あったら、遠慮しないで、そばにいる人に 聞きましょう。

- ●「分かりません」
- ●「助けて いただけますか？」
- ●「教えて いただけますか？」
- ●「どのようにすれば いいですか？」
- ●「どう言えば いいですか？」

　そうすれば、高齢者も スタッフも、みんなが あなたを 助けてく
れるでしょう。

6．よく　手を　洗いましょう。

- 仕事を　始める前と　終わったときに。
- お店に　入る前と　出るときに。
- 外出から　帰ってきたときに。
- 食事を　作る前に。
- ご飯を　食べる前に。
- トイレから　出た後に。
- 食事の介助の　前と　後に。
- 排泄の介助の　前と　後に。
- 次の人の　介助に　入る前に。

　手を　洗うときは　石けんを　よく　泡立てて、指と指の間や　指先まで、30 秒間　きれいに　洗いましょう。

　手を　洗えないときは、アルコールで　消毒しましょう。アルコール消毒液を　いつも　もっていましょう。

COVID-19（新型コロナウイルス感染症）を予防するために

①手洗い、手指消毒を　しましょう。

②マスクは　鼻・口を　隠して、あごまで　下げて、きちんと　つけましょう。

　マスクの　外側は　汚いです。さわらないように　しましょう。

③窓を　開けて、1時間に　1回、空気を　入れ替えましょう。

④たくさんの人が　集まるところへ　行かないように　しましょう。

⑤隣の人と　できるだけ　2メートル（最低1メートル）以上　離れましょう。

⑥話しながら　食事をすると、ウイルスが　飛びます。静かに　一人で食事をしましょう。食事が　終わってから、マスクをして　話しましょう。

⑦テーブル、手すり、ドアノブなどを、アルコールで　よく　拭きましょう。

⑧毎日　2回、熱を　測って　記録しましょう。

⑨具合が　悪いときは、会社に　連絡して　仕事を　休みましょう。

サービスの種類と内容

　介護保険制度（➡46ページ）には、さまざまな　介護サービスや　介護予防サービスがあります。

　要介護（➡47ページ）者であれば　介護給付[※3]を、要支援（➡47ページ）者であれば　予防給付を　利用することができます。

★予防給付と介護給付との違い

　予防給付には、
- 施設サービス（➡15ページ）は　ありません。
- 地域密着型サービス（➡16ページ）のうち、**定期巡回**[※4]・**随時**[※5]対応型訪問介護看護（➡16ページ）、夜間対応型訪問介護（➡17ページ）などは　ありません。
- サービスは　介護予防サービスとされ、地域包括支援センター（➡47ページ）で　要支援者のケアマネジメントが　行われます。

　ケアマネジメントとは　高齢や　障害が　あっても、ケアプランの作成などにより　その人らしい　生活ができるように　支援していくことです。

給付[※3]：お金、サービス、物を与えること。
定期巡回[※4]：時間を決めて、見回ること。
随時[※5]：いつでも。

（1）居宅サービス

①訪問系サービス

訪問介護	訪問介護員が 訪問し、身体※6介護・生活援助・通院※7などのための 乗降介助を します。
訪問入浴介護	入浴車で 訪問し、入浴の介護を します。
訪問看護	看護師などが 訪問し、療養※8の世話や 診療※9の補助※10をします。
訪問リハビリテーション	理学療法士（PT）・作業療法士（OT）・言語聴覚士（ST）が 訪問し、リハビリテーションを します。
居宅療養管理指導	医師・歯科医師・薬剤師・管理栄養士が訪問し、療養上の指導・アドバイスを します。

身体※6：こころと からだ。
通院※7：病気やケガを 治すために、病院や医院へ 通うこと。
療養※8：病気や ケガを 治すために、治療をして からだを 休めること。
診療※9：医師が、病気の人を 診察して 治療をすること。
補助※10：できないところを 助けること。

13

②通所系サービス
つう　しょ　けい

通所介護(デイサービス) つう しょ かい ご	利用者が　**日帰り**※11で通い、食事・入浴・排泄 り ようしゃ　　　ひ がえ　　かよ　　しょく じ　にゅうよく　はいせつ などの　**基本的**※12な介護サービスや、レクリ き ほんてき　　かい ご エーションや　外出を　します。 　　　　　がいしゅつ
通所リハビリテーション つう しょ （デイケア）	リハビリテーションを　するた めの　通所サービスです。 　　　つうしょ 

③短期入所系サービス
たん　き　にゅうしょ　けい

短期入所生活介護 たん き にゅうしょ せい かつ かい ご （ショートステイ）	短い期間の　泊まりで、食事・入浴・排泄など みじか　き かん　　と　　　しょく じ　にゅうよく　はい せつ の　介護や、日常生活の　世話、**機能訓練**※13を 　かい ご　　にちじょうせいかつ　せ わ　き のうくんれん 行います。 おこな
短期入所療養介護 たん き にゅうしょりょうようかい ご （ショートステイ）	医療や　機能訓練が　必要な場合に、短い期 い りょう　き のうくんれん　　ひつ よう　ば あい　　みじか　き 間の泊まりで、食事・入浴・排泄などの　介護 かん　と　　　しょく じ　にゅうよく　はい せつ　　　かい ご や　機能訓練を　行います。 　き のうくんれん　　おこな

日帰り※11：泊まらないで　帰ること。
ひ がえ　　　と　　　　　　かえ
基本的※12：物事の　土台となるようなこと。
き ほんてき　　ものごと　ど だい
機能訓練※13：できなくなったことを　また　できるようにしたり、残った能力で　生活できるよう
き のうくんれん　　　　　　　　　　　　　　　　　　　　　　　　　のこ　のうりょく　せいかつ
に　するための　トレーニング。

④その他

特定施設入居者生活介護	有料老人ホーム・軽費老人ホーム（ケアハウス）などで、介護や機能訓練を 行います。
福祉用具貸与	ベッドや 車いすなどの 福祉用具[※14]を 貸す サービスです。
特定福祉用具販売	入浴や 排泄などの 福祉用具を 売る サービスです。
住宅改修	住宅改修[※15]工事の 一部に 市町村から 費用[※16]が出ます。
居宅介護支援	介護支援専門員(ケアマネジャー)が 居宅サービス計画（ケアプラン）作成や、ケアマネジメントを 行います。

（2）施設サービス

介護老人福祉施設（特別養護老人ホーム）	寝たきりなど、いつも 介護が 必要な人が、暮らし、住む 場所です。
介護老人保健施設（老人保健施設）	医師や 看護師のもとで、介護・機能訓練・医療が 提供されます。 家に帰って 生活することを 目的に、リハビリテーションを 行います。

福祉用具[※14]：電動ベッドや 車いすなどの、介護で使う 道具。
住宅改修[※15]：家を 住みやすいように 変えること。
費用[※16]：お金。

介護医療院 （かい ご い りょういん）	医療を 長く 必要とする人が、自分らしく 生活が できる場所です。医療と 介護を 一緒に 受けられます。

(3) 地域密着型サービス
（ち いき みっ ちゃく がた）

　その市町村に 住民票がある 人だけが 利用できる サービスです。
（し ちょうそん）　（じゅうみん ひょう）　　（ひと）　　（り よう）

小規模多機能型居宅介護 （しょう き ぼ た き のう がた きょ たく かい ご）	小規模多機能型※17は通い・訪問・泊まりの 3 つのサービスで、在宅生活を 支えます。 （しょう き ぼ た き のう がた）（かよ）（ほう もん）（と）（ざい たく せい かつ）（ささ） 地域包括ケア（➡29ページ）の中心と いわれています。 （ち いき ほう かつ）（ちゅう しん）
認知症対応型通所介護 （にん ち しょう たい おう がた つう しょ かい ご）	認知症の 利用者に 対する 通所介護です。 （にん ち しょう）（り ようしゃ）（たい）（つうしょかい ご）
認知症対応型共同生活介護 （グループホーム） （にん ち しょう たい おう がた きょう どう せい かつ）（かい ご）	認知症（➡98ページ）の 利用者が 共同生活を する家で、日常生活上の 介護をするサービスです。 （にん ち しょう）（り ようしゃ）（きょうどう せい かつ）（いえ）（にちじょうせい かつじょう）（かい ご） 5人から9人までの 少ない 人数の 入居者で、親しい関係を 作ります。 （にん）（にん）（すく）（にん ずう）（にゅう きょ）（しゃ）（した）（かん けい）（つく）
看護小規模多機能型居宅介護 （かん ご しょう き ぼ た き のう がた きょ たく かい ご）	小規模多機能型居宅介護などに 訪問看護をつけて、医療が 必要な人も 利用できるように するものです。 （しょう き ぼ た き のう がた きょ たく かい ご）（ほう もん かん ご）（い りょう）（ひつ よう）（ひと）（り よう）
定期巡回・随時対応型訪問介護看護 （てい き じゅんかい）（ずい じ たい おう がた ほう もん かい ご かん ご）	介護と 看護の 両方の サービスを 24時間 行います。 （かい ご）（かん ご）（りょう ほう）（じ）（かん）（おこな）

小規模多機能型※17：小さくて いろいろな機能を もっている。
（しょう き ぼ た き のうがた）（ちい）（き のう）

夜間対応型訪問介護	夜間に 訪問介護を 行う サービスです。
地域密着型特定施設入居者生活介護	定員が 29人以下の 特定施設入居者生活介護です。
地域密着型介護老人福祉施設 （地域密着型特別養護老人ホーム）	定員が 29人以下の 介護老人福祉施設（特別養護老人ホーム）です。
地域密着型通所介護	定員が 18人以下の 通所介護です。

予防給付には、下記の サービスは ありません。
● 施設サービス
● 地域密着型サービスのうち、定期巡回・随時対応型訪問介護看護、夜間対応型訪問介護など

　2018年に、高齢者と障害者が 1つの事業所で サービスを 受けられるしくみが できました。これを 共生型サービスといいます。

第2章

尊厳の保持と
自立支援

介護の仕事は、利用者の 尊厳のある 暮らしを 支える 専門の仕事です。

なんでも やってあげることは、その人の もっている 力を奪い、生きる気持ちを 奪ってしまうことに なるかもしれません。

自立支援、介護予防の 考え方をもって、プロの介護職員として、利用者が その人らしく 喜びを感じて 生きられるように 支援しましょう。

1 人権と尊厳の保持

すべての人には、生まれたときから　人間らしく　生きる権利が　あります。これを　人権といいます。

人は、どんな状況で　生きていても、その一人ひとりが　代わりのいない存在で、誰もが　一人の人として　尊重[※1]されなければ　なりません。これは　人間の尊厳（the dignity of human beings）です。

尊厳の保持とは、一人の人として　その人がもっている　人間としてのあり方を　尊重し、そのままの姿（その人らしさ）を　受け入れること　ともいえます。

介護が必要でも、利用者が　「役に立っている」「必要とされている」と　感じられるように　支援[※2]していくことが　大切です。

尊重[※1]：尊敬の思いを　もって　大切にすること。
支援[※2]：支えて　助けること。

第2章　尊厳の保持と自立支援

② 自立支援

　自立支援とは、利用者が　残っている　能力を　使って、自分らしい生活を　送れるように　支援することです。

　なんでも　やってあげることは、良い介護では　ありません。
　なんでも　やってあげることは、利用者が　もっている力を　**奪う**※3ことにも　なります。

　できることは　手伝わないで、できないところを　手伝うことが　大切です。
　自分で　やろうとすると、できなくなったことが　また　できるように　なるかも　しれません。

　自分で　どうしたいのかを　決めることを　大切にすることを、**自己決定権の尊重**といいます。
　自分で　動こう、できることは　自分でやろう、誰かに　助けてもらって　外へ出よう、と　その人が　思えるように　利用者を　支えましょう。

●その人が　もっている　病気
●今まで　どのような人生で、どのような生活を　していたのか
●その人の　思いや　望み
などを　知り、できることを　1つでも　増やしていくことが　大切です。

奪う※3：取り上げる。

介助を　するときには、声をかけて　利用者の　気持ちを　確認し、同意（賛成すること）を　得る　必要が　あります。

ADL（Activities of Daily Living）とは、立つ、座る、歩く、入浴する、着替える、排泄する、食事をするなどの　日常生活上の　動きです。

QOL（Quality of Life）とは、生活・人生の「質」を意味し、「人として幸せに生きる」ことです。

自分で　できるようにすること（ADLの向上）だけではなく、生活の質を　高めること（QOLの向上）がとても大切です。

虐待防止・身体拘束禁止

1. 虐待とは、家族や　介護職員などが、利用者の　こころやからだを傷つけるような　ひどいことを　行うことを　いいます。

- 暴力をふるう。
- こころを　傷つけるような　ひどいことを　言う。
- 嫌がることをする。
- 無視を　する（あいさつや　返事を　しなかったり、何も　手伝わないこと）。
- 性的な行為を　無理やりする（男の人が　女の人の　胸やおしりを　さわるなど）。

※虐待は、禁止されています。高齢者虐待は　早い発見が　重要です。虐待に　気づいたら、すぐに　責任者に　報告しましょう。

2. 身体拘束とは、家族や　介護職員などが　利用者の　行動の自由を奪うことです。

- 車いす・いす・ベッドなどに、からだや手足を　紐などでしばり、動けないようにする。
- ベッドから　落ちないように、ベッドを柵（サイドレール）で囲む。
- 何かを　いじらないように、手指を　ミ

トン型の手袋などで　全部包む。

- 自分で　服を脱いだり、オムツを　はずさないように、介護衣（つなぎ服）を着せる。

- 動き回ったり、暴れないように、**向精神薬**※4をたくさん　飲ませる。

- 一人で　外へ　出ないように　居室などに　鍵をかけて　中から出られないようにする。

※身体拘束は、禁止されています。

向精神薬※4：脳に　はたらくことで、精神に　影響を　与える薬。不安を抑えたり、興奮を抑えたり、よく眠れるようにしたりする　薬などがある。

④ 介護予防

介護予防とは、

● 高齢者が　介護が　必要な　状態に　なることを、できるだけ　防ぐことです。
● 介護が　必要な　状態に　なっても、それ以上に　悪くならないように　することです。

　高齢になると、家の外に　あまり　出なくなります。動くことが　少なくなると、からだは　どんどん　弱くなります。これを**廃用症候群**といいます。
　からだが　弱くなると、何かを　しよう、どこかへ　行こう、とする気持ちも　なくなります。

　廃用症候群の　予防のためには、利用者が　できることは　自分でしていただき、利用者が　できないところを　介護職員が　支援することが　大切です。利用者が　自分でできることは　自分でやろう、外へ出よう、と思えるように　支援しましょう。
　また、脳梗塞（➡ 85 ページ）や　脳出血（➡ 85 ページ）などの　脳血管障害（脳卒中）（➡ 85 ページ）の　ために　介護が　必要に　なることが　あります。このため、脳血管障害の　原因となる　生活習慣病（➡ 81 ページ）の　予防も大切です。

第3章

介護の基本

日本の　地域包括ケアを　理解しましょう。

介護職員として、安全性を　確実にするために　必要な

ことを　理解しましょう。

1 介護の専門性

第3章 介護の基本

介護職員は、良いケアをするために、以下のことが 必要です。

● 自立支援に 向けた 介護をすること。

● 根拠※1 に基づいた 介護をすること。

● 利用者の 悪口は 絶対に 言わないこと。

● 利用者の 気持ちを よく考えること。

● 利用者の プライバシーを 守ること。

● 利用者の 病気や 飲んでいる薬、家族関係、これまでの 人生など を 理解すること。

● 時間を 守ること。

● 責任者※2への 報告・連絡・相談を きちんとすること。

● チームケア※3を 大切に すること。

● 利用者や 働いているところの 情報を、働いているところの人以 外に 言わないこと。

● 正しい 知識や技術を もつこと。

根拠※1：正しい 情報や 知識や 技術。

責任者※2：施設の 管理について 責任をもつ人。

チームケア※3：多職種連携ともいう。医師、看護師、介護士などの 違う専門職が チームで、介 護を 必要としている人の ケアにあたること。

② 地域包括ケア

日本は　とても長生きする人が　多い　国です。

日本では、多くの人が　一人暮らしの　高齢者や　高齢夫婦となっています。一緒に　生活していない　子どもたちは、高齢になった　親の様子や環境が　よく　わかっていません。

子どもを　育てるのが　終わって　高齢になると、地域との　関係も弱くなりやすいです。

このため、日本は　できるだけ　住み慣れた地域で、自分らしい暮らしを　続けることが　できるような、地域の　包括的な　支援・サービス提供体制（地域包括ケアシステム）を　作ろうとしています。地域全体を　1つとして、地域の　医療・介護・福祉・住民など、みんなで一緒に　支えよう　ということです。

地域包括ケアには、30分で　行くことができる　日常生活エリアのなかで、医療・介護・介護予防・住まい・生活支援が　包括的に、続けて　行われることが　必要です。

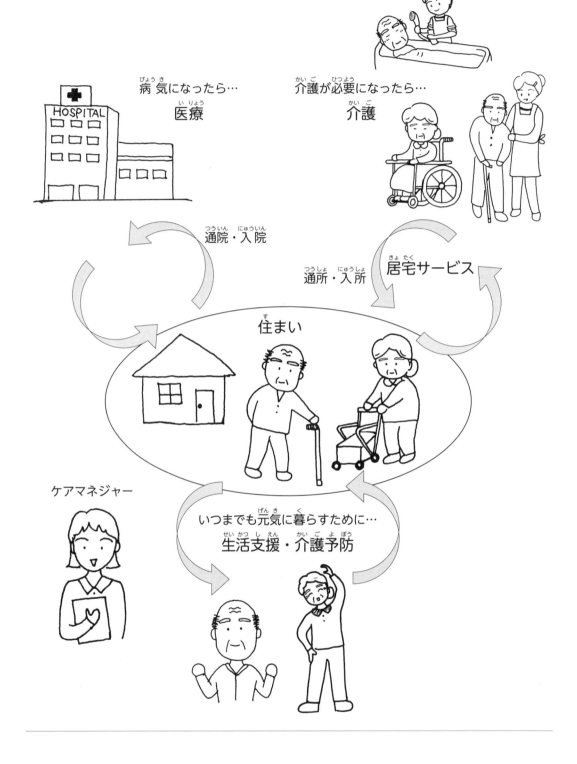

地域包括ケアシステムの姿

病気になったら…
医療

介護が必要になったら…
介護

HOSPITAL

通院・入院

通所・入所

居宅サービス

住まい

ケアマネジャー

いつまでも元気に暮らすために…
生活支援・介護予防

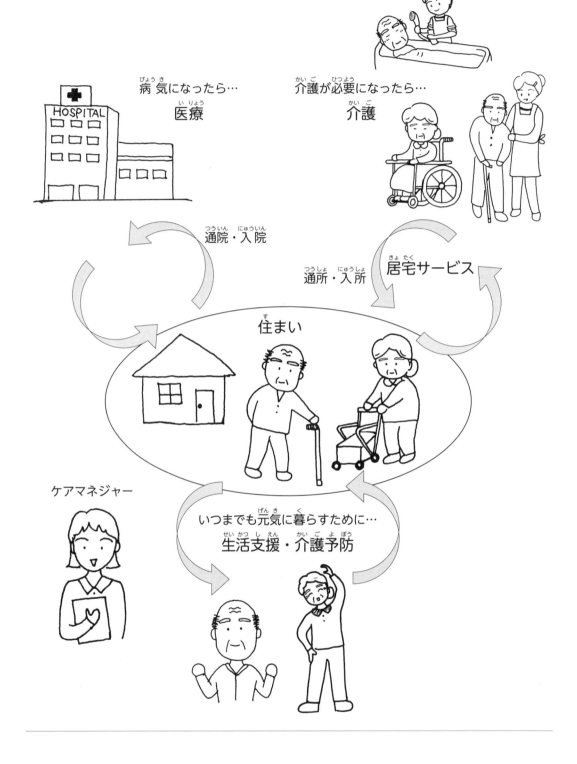

第3章 介護の基本

③ 安全性の確保

（1）ハインリッヒの法則

　事故や　災害が　330回起きるとき、そのうちの　300回は　ケガが なく、29回は　軽いケガ、残りの1回は　重いケガになる　という　法 則のことです。

　労働災害が　起きる割合を　調べた　アメリカの　ハインリッヒに よって　発表された　法則なので、**ハインリッヒの法則**と　呼ばれてい ます。

　誰も　傷つかなかったけれど　300回の　「危ない！」と　思ったとき に（ヒヤリハットといいます）、ちゃんと　原因を　考えて　次に　どう すればいいかを　考えることで、ケガをする事故を　防ぐことが　でき ます。

※介護をしていて　事故が　起きたら、すぐに　責任者に　報告します。 　いつ、どこで、どのように、事故が　起きたのか、を考えて、同じよ うな事故が　起きないように、みんなで　情報を　**共有**※4して　考え ます。

　このようにして　事故を　減らすことが　大切です。

共有※4：一緒にもつ。

4 事故予防・安全対策

(1) 生活のなかでの リスクと 対策

適切に 福祉用具や 自助具※5を選ぶことは 安全対策※6に なります。

バリアフリーに したり、トイレや 風呂場、脱衣室に 手すりを つけたりして、転倒を 防ぐことが できます。

手すり

(2) 転倒・転落

転倒 (➡ 78 ページ) して 骨折する人が たくさんいます。ベッドや ストレッチャーから 転落※7して 亡くなる人も います。

急に 立って、不安定な 歩き方で 歩こうと する人に 出会ったら、まず 一緒に 行動しながら、何をしようとしたのか、何を したいのか、その理由を 考えます。

理由が わかれば、それに 合わせた 支援が 行えます。

(3) 誤嚥・窒息

高齢者は、飲み込む力が 下がり、唾液や 食べ物が 間違って 少しずつ 気管から 肺に 入ることが あります。これを 誤嚥 (➡ 77

自助具※5：生活動作を 自分で 簡単に できるように 工夫された 道具。
対策※6：何かを 防ぐための 方法。
転落※7：落ちること。

ページ）といいます。

　誤嚥をすると、肺の中で　炎症※8を起こして　誤嚥性肺炎（➡ 83ペー
ジ）を起こすことがあります。

　飲み込む力が　下がったり、唾液の　出る量が　減ったり、歯で　か
み砕く力が　下がって、食べ物を　のどに詰まらせて　窒息※9して　し
まうことも　あります。

　このような　誤嚥や　窒息を　防ぐためには、その人に合った　食べ
物の形、食事の姿勢、適切な介助を　行う必要が　あります。

★ハイムリック法のやり方

　こぶしを　その人の　みぞおちに　あ
てて、思いきり　斜め上に　引き上げる
ことを　ハイムリック法と　いいます。

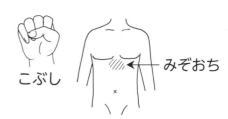

こぶし　　みぞおち

(4) 誤薬

　誤薬とは、薬を　間違えて　飲ませてしまうことです。
　たくさんの　介護職員で　服薬の介助を　行うと、誤薬が　増えま
す。

炎症※8：からだが　損傷を　受けたときに　起こす　反応のこと。
窒息※9：呼吸が　できなくなること。

仕事に　慣れてくると　注意する　気持ちが　減って、誤薬が　増えます。

誤薬を　防ぐには、その人の　顔と名前、その人の　病気、何に効く薬を　飲んでいるかを覚えることが　大切です。

(5) 防火、防災

火事が　起きた場合の　通報[※10]・初期消火[※11]・避難[※12]は　ふだんの練習が　大切です。

定期的な　避難訓練に　参加しましょう。

(6) 心肺停止

病気や　誤嚥などによる　窒息が　原因で、突然　心臓の動きや　呼吸が　止まってしまう　心肺停止に　なることが　あります。

心肺停止になったら、心肺蘇生[※13]を行います。AED（自動体外式除細動器）があれば、使います。

AEDとは、心臓が　痙攣[※14]して、血液を　流す　はたらきを　失った状態（心室細動）になった　心臓に、電気ショックを与え、正常なリズムに　戻すための　医療機器です。

通報[※10]：知らせること。

初期消火[※11]：最初の火が　小さいうちに　消すこと。

避難[※12]：安全な　場所へ　移ること。

心肺蘇生[※13]：呼吸や心臓が止まっている人に、心臓マッサージを行うこと。

痙攣[※14]：動かして　いないのに、筋肉が　激しく　動いてしまうこと。

心肺蘇生（しんぱいそせい）

1　「～さん、大丈夫（だいじょうぶ）ですか？」と　呼（よ）びかけながら、反応（はんのう）※15が　あるかを　確（たし）かめます。
2　反応（はんのう）が　なければ、人を呼（よ）んで　救急車（きゅうきゅうしゃ）を　呼（よ）んでもらいます。
3　胸（むね）と　おなかが　動（うご）いているかを　見（み）て、呼吸（こきゅう）をしているかを　確（たし）かめます。はっきりしないときは、呼吸（こきゅう）を　していないと　考（かんが）えます。
4　呼吸（こきゅう）を　していなければ、心臓（しんぞう）マッサージを　始（はじ）めます。

　胸（むね）の　真（ま）ん中（なか）に　手（て）を　置（お）き、両手（りょうて）を　重（かさ）ねて、肘（ひじ）を　まっすぐ　伸（の）ばします。毎分（まいふん）100回以上（かいじょう）の　速（はや）さで　強（つよ）く　押（お）して　離（はな）すことを　何回（なんかい）も　続（つづ）けます。
　大切（たいせつ）なことは　手（て）を　止（と）めないことです。

誰（だれ）か、救急車（きゅうきゅうしゃ）を　呼（よ）んでください　➡　心臓（しんぞう）マッサージを　続（つづ）ける

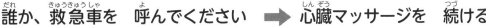

第3章（だいしょう） 介護（かいご）の基本（きほん）

反応（はんのう）※15：呼（よ）びかけに　返事（へんじ）をしたり、からだを　動（うご）かしたり　すること。

⑤ 感染症対策

感染症は、からだの中に、ウイルスや 菌などが 入って、増えることで 出る症状です。

感染症には、人から 人に うつる 感染症と、うつらない 感染症が あります。

高齢者が 感染症になると、重症に なりやすく、回復に とても時間がかかります。

高齢者が 感染しないように するには、**感染予防**が いちばん大切です。

感染症対策の 基本は、流水で 石けんを使って 1ケア1手洗いを きちんと することが とても大切です。

また、感染源には 絶対に 直接手で さわらないことも 大切です。

POINT

手洗い・うがい・マスク・換気が大切！

★感染を広げないポイント

①感染源（病原体）を 施設に 持ち込まない。
②感染源（病原体）を 施設に 広げない。
③感染源（病原体）を 施設から 出さない。

そのためには、手洗い・うがい・マスク・換気を 徹底※16することが大切です。

徹底※16：どんなときも 必ず やること。

また、栄養が　きちんと　とれていないと、感染症に　かかりやすくなるので、利用者の　栄養状態を　きちんと　知っておくことも　必要です。

感染予防

　手洗いは、石けんを　使って　よく洗い、最後に　流れる水で　よく洗い流しましょう。

　濡れた手は、ハンカチや　ペーパータオルで　拭きます。

●手洗い、手指消毒

　ケアに　入る　前後の　手洗い、手指消毒　が基本です。

　手洗いや　手指消毒は、必ず　指の間と　指先も　消毒しましょう。

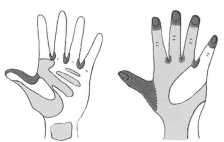

手洗いで汚れが残る場所

●使い捨てマスク

マスクは、鼻からあごまで　隠しましょう。

マスクの　外側は　汚いです。さわらないように
しましょう。

マスクを　外すときは、紐を　もって　外しましょう。

●換気

部屋の中の　ウイルスを　外に　出し、外の　き
れいな　空気と　入れ替えましょう。

●加湿

空気が　乾燥していると　ウイルスや　菌が　広がり
やすくなります。

部屋の中に　洗濯物を　干したり、加湿器を　使いま
す。

湿度を　50～60％に　しておきましょう。

●使い捨て手袋・防護服（使い捨てエプロン）

血液や　体液、嘔吐物（吐いた物）、排泄物（尿や
便）にさわるときは、必ず　使い捨て手袋を　します。

感染している人の　ケアに　入るときには、防護服を
使用します。

外すときは　汚い部分を　さわらないように　気をつけ
ましょう。

COVID-19（新型コロナウイルス感染症）に　感染して
いる人の　ケアに　入るときには、ゴーグルやフェイスシー
ルド・ヘアキャップも　つけます。

※汚れている外側に　さわらないように、脱いで　捨てます。

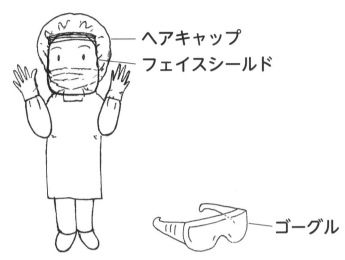

ヘアキャップ
フェイスシールド
ゴーグル

ボディメカニクス

　ボディメカニクスとは、骨・筋肉・関節の　しくみを　使って、うまく　力を　出すために　考えられた　技術のことです。

　手の力だけ　使うのではなく、自分のからだを　使って、動けない人の　からだの向きを　変えたり、起こしたり、移動させることが、楽にできます。

　自分のからだに　大きな負担が　かからないようにして、安全な介護を　するために　必要です。

①ボディメカニクスの　8つの基本原理

1. 支持基底面積※17が　広ければ　広いほど、からだは　安定する。
　　介護職員は、自分の両足を　左右・前後に　広く　開きます。

　自分の　からだの　中心（重心）を　低くします。

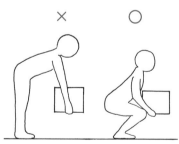

支持基底面積※17：足裏など　床と接しているところで　囲まれた　足下の面積のこと。

2．利用者と　介護職員　両方の　重心を近づける。

からだを　ぴったりつけると、余分な力が　入りません。

3．大きな筋肉を　使い、水平移動（横の移動）を　行う。

自分の　腕だけでなく　からだ全体の　筋肉を　使い、横の　移動を　行います。

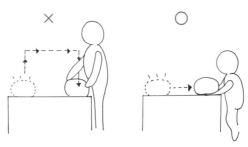

4．利用者の　からだを　小さくまとめる。

利用者の　腕や足を組み、からだが　ベッドなどに　ついているところを　少なくすれば　力を　集めることができ、移動の負担が　少なくなります。

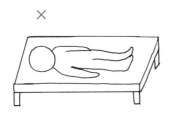 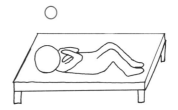

5．利用者を　手前に引く。

　　押すより　引くほうが　力を　集めることが　できるので、少し
の力で　移動させられます。

6．介護職員の　重心移動で　利用者を動かす。

　　背中をまっすぐにして、膝の曲げ伸ばしを　使うと　腰を痛めま
せん。足の先を　重心移動する方向に　向け、膝の　曲げ伸ばしで
重心を移します。そうすれば　骨盤※18が安定し、スムーズで　安定
した移動になります。

7．からだを　ねじらず、肩と腰を　水平に保つ。

　　背中を曲げたり、ねじったりすると　姿勢が　不安定になります。
力が　出せないことと　同時に　腰痛※19の　原因にも　なります。

骨盤※18：足の骨と　背骨をつないでいる　腰の大きな骨。
腰痛※19：腰の痛み。

8．膝や　肘を　ポイントとして使う。

　　膝や肘というポイントを　正しく使うと、小さい力を　大きな力
に　変えて　作用点を　動かすことができます。

　　ベッドサイドに　膝を　つけたり、肘を　ベッドの上にのせたり
すると、小さな力で　利用者を　動かすことが　できます。

第4章

介護と医療の連携

介護保険制度や　障害者総合支援法の　目的、各専門職の　役割を　理解しましょう。

また　介護職員として、できる　医行為と　やってはいけない　医行為を　理解しましょう。

① 介護保険制度（かいごほけんせいど）

　人は、年をとって　病気や障害※1が　あっても、自分で　できないところは　誰かに助けて　もらいながら、最後まで　自分らしく　生きていきたいと　思っています。

　介護をする人は、その人の　生活のリズム、生活のスタイル、生活のなかの　大切にしている部分を　よく考えながら、その人の　過去・現在・未来も　考えて、支援していくことが　大切です。

　日本には、高齢者の介護を　社会全体で　支えるために、介護保険制度があります。誰もが　最後まで　自分らしく　生活できるように、介護保険制度には　いろいろなサービスが　あります。

　日本の介護は、自立支援（➡ 21 ページ）という　考え方で、その人らしく　生きることを　大切に考えています。

　利用者の　気持ちを　考えながら、利用者と　一緒に　過ごしていく介護を　めざしています。

　介護保険制度を　運営しているのは、市町村です。すべての国民は　40 歳になると、被保険者※2 として介護保険に入り、介護保険料を　払います。

障害※1：こころや　からだの　機能が　十分に　はたらかないこと。
被保険者※2：保険を使う人。

40歳～64歳の　被保険者は、第2号被保険者として、認知症や脳血管障害など、年をとったことが　原因といわれる　病気のために　介護が　必要になったときにだけ、介護保険を　利用できます。

65歳になると　第1号被保険者となり、介護保険証が　市町村から送られてきます。

介護が　必要になったら、市町村に　申請して、要介護認定※3を受けて、要支援か　要介護かを　決めてもらいます。

●要支援1（軽い）、2（重い）…介護予防サービスを　利用できます。
日常生活※4に　支援が　必要な状態※5です。
状態が　悪く　ならないようにするための　サービスがあります。
市町村の　地域包括支援センター※6が　ケアプランを　作ります。

●要介護1（軽い）～5（重い）…介護サービスを　利用できます。
入浴・排泄・食事などの　介護が　必要な状態です。
介護支援専門員（ケアマネジャー）が、ケアプランを　作ります。

要介護度によって、受けられる　介護サービスの　種類や量が　違います。

要介護認定※3：介護を　受ける人が、どのくらい　介護を　必要としているかを　決めるしくみ。
日常生活※4：毎日の生活。
状態※5：様子、具合。
地域包括支援センター※6：地域の人の　暮らしを、いろいろ　サポートするための場所。

（1）要介護認定

予防給付 介護予防サービス （居宅サービス）		介護給付 介護サービス （居宅サービス・施設サービス）				
要支援1	要支援2	要介護1	要介護2	要介護3	要介護4	要介護5
↑ 地域包括支援センター		↑ 介護支援専門員				

　要介護度が　決まったら、**ケアプラン**を　作ります。そして、ケアプランの通りに　介護サービスが　**提供**[※7]されます。

　ケアプランは、「これから　どのような生活を　送りたいか」という目標に向けて、利用するサービスの　種類や回数などを　決めた　利用計画書のことです。

　介護保険制度のなかの　サービスには、住み慣れた家での　生活を支える　**居宅サービス**（➡13ページ）と、病気や障害で　家での生活を続けられなくなった人の　ための　**施設サービス**（➡15ページ）があります。

　また、その市町村に　住んでいる人しか　使えない　**地域密着型サービス**（➡16ページ）が　あります。

提供[※7]：相手の　役に立つように、物やサービスを　差し出すこと。

（2）介護保険制度のしくみ

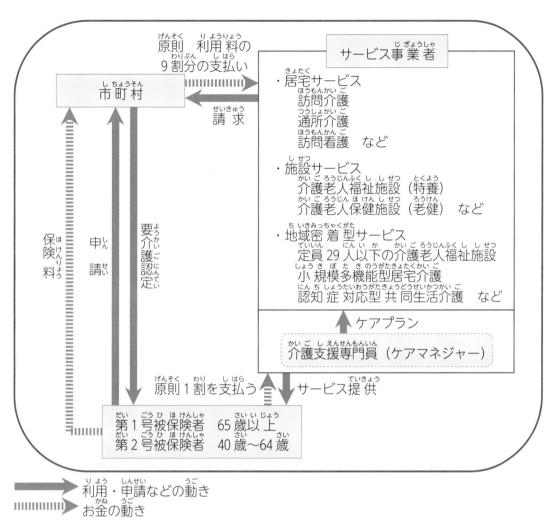

→ 利用・申請などの動き
▸ お金の動き

2 介護職員ができる医行為

①体温計で わきの下や耳で 体温を測ること。

②自動血圧測定器で 血圧を測ること。

③経皮的動脈血酸素飽和度（SpO$_2$）（➡ 71 ページ）
を 測るため、パルスオキシメーターを つける
こと。

④軽い切り傷、擦り傷、やけどなどについて 専門的な 判断や技術を
必要としない処置※8を すること（汚物で汚れた ガーゼの交換もで
きる）。

⑤爪切り、爪やすりによる やすりがけ（爪と爪の周りに 問題がなく、
特別な病気がない場合）を すること。

⑥・皮膚に ぬり薬（軟膏・クリーム）をぬること（褥瘡（➡ 144 ペー
ジ）の処置はできない）。
・湿布を 貼ること。
・点眼薬（目薬）を さすこと。
・内服薬（飲み薬）を飲むとき、点鼻薬を使うときの 介助をするこ
と。
・肛門から 座薬を入れること。

※本人や家族から 先に依頼があること、医師の 薬の使い方の 説明
の通りに 介助することが 必要です。

処置※8：傷や 病気の 手当てをすること。

第4章 介護と医療の連携

50

ぬり薬 （軟膏・クリーム）	湿布薬	点眼薬（目薬）
一包化※9された 内服薬	点鼻薬	座薬

⑦歯ブラシや　綿棒などに　より、口の中を、きれいに
すること（重度の**歯周病**※10などがない場合）。

⑧耳垢を取ること（耳垢が　固まって、耳の穴を　塞いでいる場合はやっ
てはいけません）。

⑨人工肛門や　人工膀胱（**ストーマ**）に　ついている袋（**パウチ**）に
たまった　便や尿を　捨てること（パウチそのものの　取り替えは
できません）。

ストーマ　　　　　　パウチ

一包化※9：1つの袋に、すべての薬を　まとめて入れること。
歯周病※10：歯の周りの　骨が　溶ける病気。

⑩自己導尿^{※11}を　助ける　カテーテルの　準備、体位を
保持すること。

⑪店で売っている　使い捨て　グリセリン浣腸器を
使った　浣腸を　すること。

　　もし　みなさんが　自分の国では　看護師でも、日本の　看護師国家試験
に合格して、日本の看護師資格を　取らなければ、日本で　医行為は　でき
ません。
　　医行為は、日本の国家試験に　合格した　医師や　看護師でなければ、で
きません。
　　しかし、みなさんが　もっている　知識や　経験は、利用者の　急変に
気づいたり、適切な介護に　役に立ちます。

　　介護職員は　決められた　研修を　受けると、一部の　医療的ケア（痰の
吸引、経管栄養など）が　できます。
　　介護職員は、できる医行為と　できない医行為を　理解し、利用者の　状
態や状況などの　情報を、医師や看護師、リハビリテーションを　担当する
理学療法士（PT）や　作業療法士（OT）と　共有しておくことが　大切で
す。

自己導尿^{※11}：病気で　自分で　尿を出せない場合、膀胱に　尿が　たまったときに、自分で　尿
道口から　カテーテルを　入れて、尿を出し、膀胱の中を　空にすること。使った　カテーテルは
きれいに　水で洗い、ケースに　しまう。

内服薬（飲み薬）

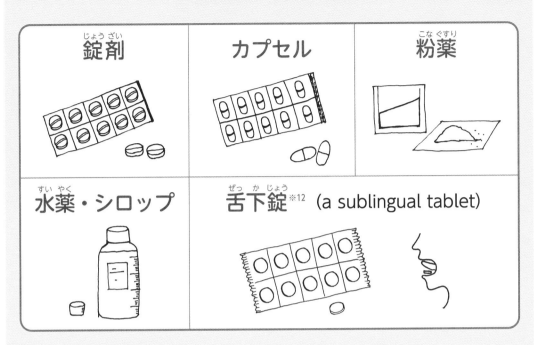

錠剤	カプセル	粉薬
水薬・シロップ	舌下錠※12 (a sublingual tablet)	

＜内服時間（薬を飲む時間）＞

- 起床時……起きてすぐ
- 食　前……ご飯を　食べる前
- 食　後……ご飯を　食べた後
- 食　間……食事と　次の食事の　間（空腹時）
- 就寝前……眠る前

舌下錠※12：飲まないで、舌の下に　入れて　溶かす薬。口の中の　粘膜から　薬を　吸収させて　直接　血中へ　入り　作用させるので、効果が　早く出る。例えば、狭心症の　ニトログリセリンなど。

③ 障害者総合支援法

障害者総合支援法とは 障害者の 日常生活と 社会生活を 全体的に 支援するための 法律です。

この法律では、障害者とは、

- 身体障害者
- 知的障害者
- 精神障害者（発達障害者を含む）
- 難病などにより 障害がある者

を いいます。

サービスを利用する人は 障害支援区分認定を 受けます。障害の程度は 1（軽い）～6（重い）の6ランク あります。
認定されて、障害福祉サービス受給者証を受けた人は、いろいろな福祉サービスの利用が できるようになります。

第5章

だい　しょう

介護における
コミュニケーション

かい　ご

高齢者や障害者の　コミュニケーション能力は　一人
ひとり違います。その違いを　知って　コミュニケー
ションを　とることが　必要です。

また、チームで　情報を　共有するための　記録や、報
告・連絡・相談の　大切さを　理解しましょう。

利用者との コミュニケーション

　ゆっくりと　優しい声で　利用者の目を　見て　笑顔で　話しましょう。相手の　表情を見ながら、話を　きちんと　聞きましょう。

　声だけではなくて、手や　からだも　使って　話すと、内容が　伝わりやすくなります。後ろから　いきなり　大きな声で　話しかけないでください。前から　声をかけましょう。

　高齢になると、耳が　聞こえにくくなります。
　認知症の人は、声と音を　一緒に　聞くと、何を言っているのか　わからなくなります。だから、テレビは　消してください。テレビの音は、コミュニケーションに　とても　邪魔になります。

★認知症や　耳が聞こえにくい人との　コミュニケーションの　ポイント

①話しかける前に、前に回って　肩を叩いたりして　知らせましょう。
②聞きやすい　大きさの声で　話しましょう。
③顔を　向き合わせて、表情や　口が　見えるように　話しましょう。
④口を　はっきり　動かして、ゆっくり　話しましょう。
⑤大切なことは、もう一度　言ったり、書いて　伝えましょう。
⑥同じときに　二人以上の人が　話さないように　しましょう。
⑦テレビを　消すなど、できるだけ　周りを　静かにしましょう。

⑧わかりにくい場合は、他の言葉で　言ったり、からだの動きを　つけてみましょう。または、書いて　伝えましょう。

⑨できるだけ、目の高さを　同じにして　話しましょう。

※認知症の人と　コミュニケーションを　行う場合は、散歩や、入浴、料理などを　一緒にすることで　安心するので、信頼関係が　できます。

★利用者が　家族や　介護職員に　本当の思いを　話せない理由

　利用者が　家族や　介護職員に　本当の思いを　話せないときもあります。その場合は、次のことが　考えられます。

①介護する人と　信頼関係が　できていない場合
②最初から　無理なことだと　あきらめてしまう場合
③家族の思いや　気持ちと　自分の思いが　違うので、
　自分の思いを　言えない場合

★話の聞き方

「あなたの　話を、私は　ちゃんと　聞いています」
「あなたの　気持ちが　わかります」
ということを、相手に　伝えることが　とても　大切です。

相手の　話を　聞くときは、
・目を　合わせる
・うなずく
・「はい」
など、話を　聞いていることを　相手に　伝えましょう。

② チームの コミュニケーション

(1) 介護記録

介護は、チームでするものです。

介護記録は、利用者の　様子や情報をチームのなかで　共有し、利用者へ良いサービスをするために、とても大切です。

※介護の現場では、記録があることで　みんなで　同じ　支援を　することができます。

(2) 記録の書き方

● 読みやすく、わかりやすく　書きます。
● 5W1Hを　考えながら　書きます。

when	いつ
where	どこで
who	誰が
why	なぜ
what	何を
how	どのように

● 時間の順に（流れに沿って）　書きます。
● 書いた人の名前を　書きます。

(3) 記録の種類

フェイスシート	フェイスシートは 利用者の 情報を書いた 介護記録の 最初のページです。利用者の名前・性別・生年月日・年齢・要介護度などや、生活やからだの様子、本人や家族の思い・家族の状況・**緊急**[※1]の連絡先、病気や薬の 情報などが 書かれています。
アセスメントシート	アセスメントシートは 個別援助計画を 作るために、先に評価（**アセスメント**）を 行うためのものです。利用者の 生活のなかの **困難**[※2]を 解決するために、必要な情報を 集め、その情報を 調べて、何をしなければならないか わかるようにします。
個別援助計画	**個別援助計画**は アセスメントによって わかった利用者の したい生活のために、長期目標・短期目標を 決めて、多職種が 同じ視点で 必要な支援を 行うための 計画です。
経過記録（業務日誌）	**経過記録（業務日誌）**は 毎日行った 仕事の 記録です。
実施評価表	計画は **適切**[※3]であったか、計画を 適切に 行うことが できたかなどを 評価します。
ケアカンファレンスの記録	本人の 思いや希望に 沿って、いろいろな 仕事の人が 集まって より良い 介護について 考えることを、**ケアカンファレンス（事例検討）**と いいます。その記録です。

緊急[※1]：重大で、すぐに 対応しなければ ならないこと。
困難[※2]：物事を行うのが 難しい。
適切[※3]：当てはまる。ふさわしい。

事故報告書	事故が　起きた場合、事故の状況・その対応についての記録を　2年間　残さなければなりません。 事故報告書は　同じような　介護事故が　起きないようにし、起きてしまったときには　早い対応を　できるように　するための　記録用紙です。
ヒヤリハット報告書	ヒヤリハット報告書は　介護業務を　行っているときに、「ヒヤリ」としたり、「ハッ」とした　出来事（危ないと　思ったこと）を　報告するものです。事故には　ならなかったけれど、同じ出来事を　くり返さないことで、事故を　防ぐために　役立ちます。

（4）個人情報保護法

　私たちは、利用者の名前・性別・住所・症状・介護度・家族の状況などの、とても　大切な　個人の情報を　扱っています。

　個人の情報は、日本では　個人情報保護法という法律で　守られています。

●仕事で　知った　情報は、すべて　個人の情報と考えて、職場の外で　話してはいけません。
●大切な書類を、職場の外へ　持ち出さないようにしましょう。

報告・連絡・相談

日本では、どんな仕事でも 「ホウ（報）レン（連）ソウ（相）が 大切」と いわれます。

仕事をするときに、一番大切なことは、

- 何をしたのかを 「報告」
- 情報を 共有するために 「連絡」
- 困ったときや 悩んだときは 「相談」

(1) 報告

頼まれた仕事が 終わったときに、責任をもって 仲間や責任者に結果を 報告します。長期間 続く 仕事の場合、途中で どのくらいできたかを 報告することも 必要です。

報告しないで 自分だけで 仕事をすると、事故やトラブルが 起きます。起きてしまった事故や トラブル・苦情については、最初の対応が とても重要です。必ず 責任者に報告をして、責任者に 対応を判断して もらいましょう。報告すれば、責任者が 責任をもって 何をしたらいいか 教えてくれるでしょう。

(2) 連絡

自分の仕事を うまく進めるために、電話・FAX や メールなどで相手に連絡します。

連絡を とったときは、忘れたり トラブルにならないように、日時、

連絡方法、相手の氏名、内容を　記録に　残しておきましょう。

(3) 相談

　相談をすれば、自分の　仕事の　進め方や、仕事の　悩みなどを、みんなに　助けてもらえます。そして、自分だけの　考え方ではなく、みんなが　同じ方向に　仕事を　進めることが　できます。

　この報告・連絡・相談を「ホウレンソウ」といいます。
　自分だけで　判断をすると、後で　大きな問題に　なったりします。

　わからないことは　恥ずかしいことでは　ありません。
　まだ慣れないときは、「すみません。教えて　いただけますか」と　言うと　良いでしょう。
　「教えて　いただけますか」と聞けば、仲間も責任者も　ていねいに教えてくれるでしょう。

第6章

だい　しょう

老化の理解

ろう　か　　　り　かい

高齢者の　こころやからだの　変化や　病気と　その
特徴を　理解することは、とても大切です。

① 老化による心理や行動

高齢者はこうだと　思ってしまうと、一人ひとりの　高齢者の気持ちや　からだを　理解するのが　難しくなります。

からだの老化の　程度も　一人ひとり違います。年齢だけで　考えて、みんなに同じように　大きな声で　ゆっくり　話したりすると、高齢者の**自尊心**※1を　傷つける場合が　あります。
　また、高齢者は　家族関係の　変化や、退職したり、夫や　妻や　友人を　亡くしたりと、何かを　失くした　経験をする人が　多くなります。

（1）からだの理解

年を　とると、からだの　はたらきや、病気と　たたかう　力が　弱くなります。これを　老化と　いいます。
　老化の　程度は　一人ひとり　違います。
　高齢者を　支えるためには、高齢者の　からだの　変化を　正しく理解することが　大切です。

①動作が　ゆっくりになる。

②反応が　遅くなる。

③骨が　折れやすくなる。

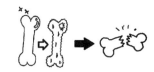

自尊心※1：プライド。pride

④目が　見えにくくなる。視野（目が見える範囲）が
狭くなる。

⑤耳が　聞こえにくくなる。高い音が　聞こえにくく
なる。

⑥転びやすくなる。

⑦熱い、冷たい、痛いなどを　感じにくくな
る。

廃用症候群（disuse syndrome）

　廃用症候群は　長い時間　動かなかったり、寝てばかりの生活を　し
ていた場合に　起きる　病気や症状のことです。
　寝たきりでいると、骨や筋肉が　萎縮※2し、関節も　拘縮※3するため、
動くことが　どんどん　難しく　なってしまいます。
　衰える※4のは　筋肉だけでなく、骨や関節、皮膚、心臓、呼吸器、消
化器、尿路など　からだ全体が　弱くなります。
　また　からだだけでなく、やる気が　なくなったり、こころの病気に
も　なります。
　廃用症候群は　治療よりも　予防が大切です。

　高齢者は、からだが衰えると、からだを動かすのが　嫌になったり、
横になっている時間が　長くなりやすいです。利用者に　楽しみを　見
つけて　いただくようにして、横になっている時間を　少なくすること
が　必要です。

萎縮※2：小さくなったり、縮んだり、はたらきが　悪くなったり、はたらかなくなること。
拘縮※3：関節が　硬くなり、動きが　悪くなること。
衰える※4：弱る。

(2) こころの理解

　高齢に　なると、こころにも　いろいろな変化が出てきます。
- 自分を抑えられなくなる。我慢できなくなる。
- 怒りっぽく　なる。
- 頑固に　なる。
- 悲しく　なる。
- 不安に　なる。
- やる気が　なくなる。何にも　興味を　もたなくなる。
- できることまで、無理だと　あきらめてしまう。
- 他の人に　頼ってしまう。

　高齢者は、それぞれが　長い　人生のなかで　たくさんの　経験を
しています。一人ひとりが、　違う　人間関係や　仕事や　生活の習慣
を　もっています。それが、一人ひとりの　老化の　違いを　大きくし

ます。

　「自分で　トイレに　行きたい」「旅行に　行きたい」という「～した
い」と思う　気持ちを「意欲（やる気）」　といいます。
　「～したい」と　思う気持ちは　長く　続きます。利用者の　意欲を
引き出すような　言葉かけや　介護を　しましょう。

★大切なこと
●その人が　生きてきた　人生を　大切にします。
●生活の　習慣を　大切にします。
●その人の　自尊心を　大切にします。

2 病気の理解

(1) 高齢者の病気の特徴

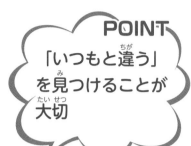

POINT
「いつもと違う」を見つけることが大切

①症状が わかりにくい。
- 熱が 出にくい。
- 痛みや 苦しさを 感じないことがある。
- 痛みや 苦しさを 周りに 伝えられないことがある。
- 「膝が 痛い」「腰が 痛い」と たくさんの 訴えがある。
- いつもと 違う 症状が 出ることがある。

②病気に なりやすく、悪く なりやすい。
③脱水に なりやすい。
④たくさんの 病気を もっている。
⑤薬が 長い時間、強く 効きやすい。
⑥病気が 治りにくくなり、寝ている 時間が 多くなる。

★ 「なんだか いつもと 違う」と気がつくことが 大切

　いつもと 違う ことに 気がつくのは、いつも そばにいる 介護職員です。「なんだか いつもと 違う」と思ったら、必ず 周りの職員に 相談しましょう。

　いつもと 違うことに 気がつけば、病気を 早く 発見できます。

③ バイタルチェック

体温、血圧、脈拍、呼吸、意識、これらをバイタルサイン（vital signs：生命のサイン）といい、これらを測ることを　バイタルチェックと呼びます。

サチュレーション（SpO$_2$、経皮的動脈血酸素飽和度）を　測ることが多いです。

バイタルサインは　からだの異常を　教えてくれます。

具合が悪いとき、いつもと違うと　感じたときは　バイタルチェックを　しましょう。

バイタルサインは　一人ひとり　大きく　違います。

（1）体温

36〜37℃の体温（body temperature）が　平熱です。高齢者は　平熱が　35℃台の人も　います。37.1℃以上の熱が続くときを　発熱、35℃以下は　低体温とします。

高齢者は　病気があっても　熱が出にくいので、注意が必要です。

（2）血圧

血圧計で　測ります。

測る前は　5分ほど　安静※5に　しましょう。

高齢者の　正常な　血圧（blood pressure）は　140/90mmHgより

安静※5：安らかで落ち着いていること。

69

下です。

血圧は　年齢と　もっている病気によって　違います。

いつもの血圧と　比べることが　大切です。いつもと　大きく　違う場合は、責任者に　伝えてください。

(3) 脈拍

脈拍 (pulse) は、人差し指、中指、薬指の3本を　そろえて　親指側の　手首の血管の上に　軽く置いて、測ります。脈の速さや　リズムが　おかしくないかを　確認します。健康な人は　毎分60～100回です。

いつもの脈拍と　大きく違う場合は、責任者に　伝えてください。

(4) 呼吸

呼吸 (respiratory rate) は、深さの変化、リズムの乱れが　ないかを　確認します。

安静時に　呼吸数が　毎分20回以上の場合や、呼吸の速さや　呼吸のしかたが、いつもと　違う場合は、責任者に　伝えてください。

(5) 意識

意識がある　とは、起きている　状態に　あることです。

名前を　呼んで、反応が　あるかどうかを　みます。

呼んでも　反応が　なかったり、ぐったり　してい

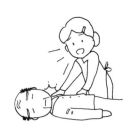

るときは　危険です。すぐに　責任者に　伝えて、救急車を　呼んで
ください。

(6) SpO₂（経皮的動脈血酸素飽和度）

　SpO₂（経皮的動脈血酸素飽和度）は　からだの中の
酸素の値です。**サチュレーション**ともいいます。指で測
る　**パルスオキシメーター**が　広く　使われています。
　健康な人では　96〜99％くらいです。
　肺や　心臓に　病気がある人は　低くなります。
　95％より　下がってきたら、すぐに　責任者に　伝えてください。

④ 症状からみた 病気と観察ポイント

(1) 発熱

発熱とは 平熱より 体温が 高くなることです。
感染症、脱水（➡ 79、155 ページ）、骨折、褥瘡（➡ 144
ページ）など、いろいろな 病気で 熱が 出ます。
　高齢者は 熱が出にくく、また 熱があっても わかり
にくいので、顔が赤い、元気がない、食欲がない などの 変化がある
ときは 体温を 測りましょう。
　熱が あったら バイタルチェックをして 責任者に 伝えてくださ
い。
　脱水にならないように、こまめに 水分を とってもらいましょう。

(2) 腹痛

腹痛とは おなかが 痛くなることです。
　強い腹痛は 緊急で 治療が 必要な場合が ある
ので、 早く 気がつくことが 大切です。

★危ない 症状（すぐに 責任者に 相談してくださ
い）
●嘔吐が ある。
●便秘を している。

第6章 老化の理解

●おならが 出ていない。
●便に 血が ついている。
●黒い 便が 出る。
●バイタルサインに 異常が ある。

(3) 頭痛

　頭痛とは 頭が痛くなることです。
　頭痛で 怖いのは 脳血管障害（➡85ページ）です。
　強い頭痛は 緊急で 治療が 必要な場合が あるので、早く 気がつくことが 大切です。

★危ない 症状（すぐに 責任者に 相談してください）
●痛みが 強くなる。
●意識が なくなる（返事が ない、反応が 遅い）。
●嘔吐が ある。
●からだが 傾いている。
●歩きにくい。
●からだの 半分だけが うまく 動かない（麻痺がある）。
●箸を 落とす。
●バイタルサインに 異常が ある。

(4) 下痢・嘔吐

　下痢とは 液体のような 便が 何度も
出ることです。
　嘔吐とは 食べ物などを 吐くことです。

POINT
水分補給と 感染の 防止が 大切

73

下痢・嘔吐が　続くときは　感染症であることが　多いので、感染が　広がらないように　感染予防　をしましょう。

また、高齢者は　脱水が　起きやすいので、水分を　しっかりとってもらいましょう。

★感染予防に　大切なこと

● 排泄物や　吐いた物は、**使い捨て手袋を**　はめて　片付けます。
● 感染が　広がらないように、**マスク・手洗い・換気**をします。
● 部屋が　乾燥しないように　**加湿**をします。

（5）浮腫（むくみ）

浮腫（むくみ）とは　手足や顔などに　水がたまって　腫れているように　なることです。

指で押したところが　なかなか消えない、靴下の　ゴムの跡が　よく残る　などに、いつも　注意していましょう。浮腫（むくみ）が　起きやすい場所は　足の　前面（すね）や　甲、まぶたです。

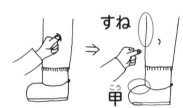

高齢者では、病気で　なくても、足の　前面（すね）や　甲に　浮腫（むくみ）が　みられます。動かないことや　麻痺（➡116ページ）などが　原因です。

急に　強くなった　浮腫（むくみ）は、病気の　可能性が　あるので注意しましょう。

浮腫（むくみ）が　なくなるには　適度な運動が　必要です。自分で

動けない場合は　介護職員が　定期的に　足を動かしたり、マッサージ
を　しましょう。ただし、病気が　原因の場合は　動かすと　病気が
悪くなることが　あります。

★危ない症状（すぐに　責任者に　相談してください）
●急に　浮腫（むくみ）が強くなった。
●急に　体重が増えた。
●呼吸が　苦しい。
●尿が　少ない。
●息切れ※6が　する。

★浮腫（むくみ）の予防
●歩くことが　大切です。
●歩けなくても、足を　動かすように　しましょう。
●自分で　足を動かせない場合は　介護職員が　足を動かしたり、マッ
　サージを　しましょう。
●浮腫（むくみ）が　ひどいときは、クッションを　足の下に　おいて、
　足を上げます。

（6）便秘

便秘とは　便が　何日も　出てこないことです。
　高齢になると、腸のはたらきや　便を出す力が　弱くな
ります。また、食事の量や　水分をとる量が　減ると、便
秘に　なりやすくなります。
　便秘の中には、急いで　治療を　しなければ　ならな
い　病気も　あるので　注意　しましょう。

息切れ※6：ハアハアして、呼吸が苦しいこと。

排便の　習慣は、一人ひとり　違います（毎日　排便がある人、2日に1回の人など）。排便を　観察し、便秘を　予防することは、とても大切です。

何日も　便秘が　続くと、便が　腸につまって　腸閉塞（イレウス）に　なる危険が　あります。突然　強い　腹痛と　吐き気が　起きたときは、すぐに　責任者に　伝えてください。

★便秘の　予防に　大切なこと
●水分を　たくさん　とってもらう。
●ゆっくり　トイレに座る。
●カーテンや　ドアを　閉めて、プライバシーを　大切にする。
●生活のリズムや　環境を　見直す。
●からだを　動かす。

(7) 骨、筋肉、関節の痛み

高齢者は　腰や膝などが　痛い人が　多いです。動くと　いつも　痛いので　動くことが　減って　QOL（生活の質）が　下がります。さらに　認知症が　進むことが　あります。

太ると　腰や膝に　良くないので、体重を　増やさないことが　大切です。

(8) 皮膚の発疹、かゆみ、痛み

高齢者では　皮膚の　発疹や、かゆみ、痛みなどの症状が　たくさんあります。もっとも　多いのは　乾燥※7によるかゆみで、清潔にし　保湿※8をすることが　大切です。皮膚の赤みは　帯状疱疹（➡92ペー

乾燥※7：水分が　足りなくて　乾いていること。
保湿※8：クリームなどを　ぬって　しっとりとさせること。

ジ）、疥癬（➡ 92 ページ）、白癬（水虫）（➡ 91 ページ）な
どの　感染症や、褥瘡（➡ 144 ページ）のでき始めである
ことがあるので　注意が　必要です。

（9）誤嚥

　誤嚥（➡ 32 ページ）とは　食べ物や　唾液が　間違って
気管から　肺に　入ってしまうことです。
　高齢者は　嚥下機能（飲み込むはたらき）や　注意力が
低くなって　いるため、食事中に　**咳き込んだり**[※9]、**むせ
る**[※10]ことが　多くなります。食べ物が　のどに詰まり　窒息することも
あります。
　食事中は　前傾姿勢（からだを　少し前に　傾けた姿勢）を　とるこ
とや、食べ物を　飲み込みやすい形に　するなどの　工夫が必要です。
　また、食事中だけではなく、睡眠中に　唾液や　痰を　誤嚥するこ
ともあるため、歯がなくても　口の中を　いつも　清潔にしておくこと
が　大切です。発熱や　汚い痰が　増えたときは　肺炎を　起こしてい
ることもあるので、注意が　必要です。

（10）意識障害、傾眠

　いつもより　反応が　悪い、まったく　反応　しな
くなった　状態に　なることを　意識障害といいま
す。
　このうち、周りからの　刺激があれば　起きるが
また　すぐに　寝てしまうことを　傾眠といいます。
　うとうとしている、**ぼんやりしている**[※11]、呼んでも　返事がない　な

咳き込む[※9]：続けて　激しく　咳が　出る。
むせる[※10]：何かが　間違って　気管に入り、咳をすること。
ぼんやりする[※11]：何も考えられず　頭がぼーっとする。

第6章　老化の理解

ど、いつもと違うと　感じたときは　責任者に　伝えてください。

（11）転倒

　転倒（➡32ページ）とは　転んで　倒れること
です。
　高齢者は　転倒しやすく、転倒により　骨折や
脳出血などが　起こることがあります。

★転倒の対応
- 動かさない。
- 名前を　呼んで、返事を　するかを　確認する。
- 痛みが　あるかを　確認する。
- 赤くなったり、腫れていないかを　確認する。

★骨折の症状（動かさずに、すぐに　責任者に　報告してください）
- 痛みが　強い。
- 腫れている。
- 立てない。
- 血圧が　いつもより高い。
- 熱が　出てきた。

　骨折していても、高齢者は　痛いと　言わないことが　あります。い
つものように　動かない、血圧が　いつもより高い、熱が　出てきたと
きは、責任者に　伝えてください。半日※12以上たってから、腫れや　内
部出血が　出ることがあります。

半日※12：1日の半分、12時間。

★頭を打った後の危ない症状（すぐに　責任者に　報告してください）

●いつもより　反応が　悪い。
●頭痛。
●吐き気。

　頭を打ったら、しばらく　安静にしましょう。
　頭を打ったときに、頭の中で　少しずつ　出血して　血腫※13ができ、それが　脳を押して　障害を　起こすことが　あります（慢性※14硬膜下血腫）。少しずつ　起こるため、本人も　なかなか気づかないで、頭を打ってから　3か月くらいすると、頭痛や　物忘れが　ひどくなることが　あります。手術が　必要なことがあります。

（12）脱水

　脱水とは、体内の　水分が　ひどく　減ってしまった　状態の　ことです。
　高齢者は　脱水に　なりやすく、のどが　かわいたと　感じにくいので、いつの間にか　重症※15に　なってしまうことが　あります。
　声をかけて、ふだんから　水分を　こまめに　とってもらいましょう。
　特に　下痢や　発熱時には　水分が　失われるので、多めの　水分補給（水分をとること）が　必要です。

★脱水のサイン

●ぼんやりしていて　元気がない。
●うとうと　している。
●おかしなことを　言う。

血腫※13：出血した血液が　からだの中に　たまっている状態。
慢性※14：症状は　あまり　ひどくないが、長い間　なかなか　治りにくいこと。
重症※15：悪い症状、ひどい症状。

第6章 老化の理解

79

●熱が　ある。
●頭痛。
●ふらつく※16。
●食欲が　ない。
●舌や　口が　乾いている。
●尿が　少ない。
●尿の　色が　濃い。

(13) 胸痛

胸痛とは　胸が　痛くなることです。
胸痛で　怖いのは、心筋梗塞（➡83ページ）などです。

★危ない　症状（すぐに　責任者に　相談してください）
●痛みが　長く　続く。
●意識が　なくなる。
●バイタルサインに　異常が　ある。

(14) 不眠

なかなか　眠れなかったり、寝ても　すぐに　目が
覚めて　しまうことを　不眠といいます。

ふらつく※16：ふらっと揺れること。

⑤ 高齢者に多い病気

(1) 生活習慣病 (life-style related disease)

　食事や運動、タバコやお酒などの　日常生活の習慣が　原因で起こる　病気のことです。日本人に　多いのは　高血圧症、糖尿病、脂質異常症（高脂血症）です。

　長い間　このような状態が続くと　動脈が硬くなったり　狭くなり（動脈硬化）、血液の流れが　悪くなって、心筋梗塞（➡83ページ）や　脳梗塞（➡85ページ）などの　重大な病気になる　危険があります。

①高血圧症 (hypertension)

　血圧が　高い状態が　続いている　病気です。
　食事の塩分※17を　減らしたり、体重を　増やさないことなどが　必要となります。

②糖尿病 (diabetes mellitus)

　血液の中の　血糖値（ブドウ糖濃度）が　上がる　病気です。
　糖尿病が　進むと、目が　見えなくなったり、腎臓が　悪くなるなどの　症状が出てきます。
　痛みや　熱さなどの　感覚を　感じにくくなり、小さなケガや　やけど、水虫に　気づかないで　悪くさせてしまうことが　あるので　気をつけます。足の裏に　傷がないかを　毎日　見ましょう。
　糖分や　カロリーを　減らした　食事が　必要です（糖尿病食）。

塩分※17：しょっぱいと　感じる成分。塩化ナトリウム。

飲み薬や　インスリンの注射で　治療している場合、血糖値が　下がりすぎて、**低血糖**が　起きることが　あります。低血糖になると、あくび、**冷や汗**※18、手足の**ふるえ**※19、顔が青白くなる、などの症状が　出てきます。ひどくなると、意識がなくなったり、痙攣が起きたりして、とても　危険です。

低血糖を　起こしたら、ブドウ糖を　食べてもらいます。

③脂質異常症（高脂血症 (dyslipidemia)）

血液中の　**中性脂肪**※20や　コレステロールが　高くなった　状態です。

食事のバランスに　気をつけ、適度に　運動してもらうことが　大切です。

（2）心臓の病気

心臓は、ポンプの　役割をして　全身に　血液を　送っています。

①心房細動 (atrial fibrillation)

心房が　不規則に　興奮してしまう　不整脈のことです。

急に　動悸がしたり、息苦しさや、胸のあたりに　不快感が　あったりします。

また、心房細動によって、心臓にできた　血のかたまり（血栓）が　流れて　血管に詰まり、脳梗塞を　起こすことがあるため、心房細動の治療と一緒に　脳梗塞などの　予防を　します。

血栓を　できにくくする　ワーファリンという　薬は、ビタミンKが多い食べ物（納豆、緑の野菜、青汁など）を　食べると　薬の効果が

冷や汗※18：からだの調子が　悪くて、暑くないのに　汗が出ること。

ふるえ※19：動かして　いないのに、細かく　手や　足が　動いてしまうこと。

中性脂肪※20：食事でとる　糖質や　タンパク質（➡150ページ）などの　栄養分のうち、すぐには使われずに　ためておくもの。

弱まってしまうので　注意が必要です。

②心不全 (heart failure)

　心臓の機能に　異常が起こり、からだに　十分な血液を　送れない病気です。

　すぐに疲れる、息が苦しくなる、からだが重い、食欲がない、足のむくみなどの　症状が　出てきます。

　むくみや　体重の変化を　観察し、病気が悪くなることに　早く気づくことが　大切です。

　塩分や　水分の量を　減らす　必要があります。

③心筋梗塞 (myocardial infarction)

　心臓の　血管が詰まり、心臓の筋肉が　壊れて　動かなくなる　病気です。

　胸や背中の　痛み、冷や汗、吐き気、嘔吐、意識がなくなる、息苦しさ、左肩の痛み、頭痛、腹痛、歯の痛み、のどの痛みなど　いろいろな症状が　出ます。

　早く　治療を始めれば　心臓へのダメージを　少なくすることができるため、**異変**※21に　早く、気づくことが　大切です。

　生活習慣病（➡81ページ）が　大きな　原因となります。

(3) 肺の病気

①誤嚥性肺炎 (aspiration pneumonia)

　高齢者に　いちばん　多い　肺炎です。口の中の　菌が　肺に　入って　起こる　病気です。

　高齢者は　嚥下機能が低下しており、誤嚥性肺炎を　くり返すことが

異変※21：異常な　変化。

多くあります。

　食べ物を　食べるときだけでなく、寝ている間にも　口の中の　細菌が　肺に入り、肺炎と　なることが　あります。口腔ケア（➡ 156 ページ）を　しっかりと　行いましょう。

②慢性閉塞性肺疾患（COPD）

　タバコを吸ったり　汚れた空気を　くり返し　吸うことで　肺が　ダメージを受けて、正常な呼吸が　できなくなっている状態です。
　一度なってしまうと　もとの肺に　戻ることは　ありません。在宅酸素療法が　必要になることも　あります。

在宅酸素療法が必要なとき

在宅酸素療法…病状は　安定しているが、からだの中に　酸素を　十分に入れることができない　という　患者に対して、長い間　自宅で　酸素吸入をする　治療法です。家の中では　酸素濃縮器を、外出には　携帯用酸素ボンベを　使います。

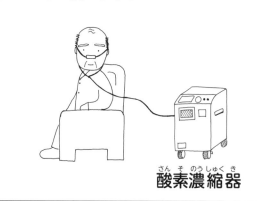

酸素濃縮器

携帯用酸素ボンベ

（4）腎臓、泌尿器の病気

①慢性腎臓病（chronic kidney disease）

　腎臓の機能が　長い間　低下している　病気です。原因となる病気は　たくさんあり、高血圧や　糖尿病などの　生活習慣病も　原因になります。

　この状態は　長く続き、悪くなると　腎不全になります。

　さらに　悪くなると　透析（dialysis）が　必要に　なることが　あります。

　タンパク質（➡150ページ）や　塩分（1日6g未満）、**カリウム**※22を控えた　食事が　必要です。

　体重や　浮腫（むくみ）の変化を　観察することが　大切です。

②前立腺肥大（prostatic hypertrophy）

　男性が　高齢になると　膀胱の後ろにある　前立腺が　少しずつ　大きくなり、尿が出にくくなることです。トイレに　行く　回数も　多くなります。

（5）脳血管障害（脳卒中（stroke））

　脳の　血管に　血が　流れなくなって、起こる　病気です。脳血管障害（脳卒中）には、脳梗塞、脳出血、くも膜下出血が　あります。

　脳の血管が　詰まることで　起こるのが　**脳梗塞**、脳の血管が　破れて　出血して　起こるのが　**脳出血・くも膜下出血**です。

　生活習慣病が　大きな原因です。特に　脳梗塞は　とても　多い病気で、何度も　くり返す人も　いるため　注意が必要です。

　早く発見し、治療を始めれば　**後遺症**※23を　減らすことが　できま

カリウム※22：果物、ほうれん草、きゅうりなどに　含まれる　ミネラル。
後遺症※23：ケガや　病気が　治った後に　残る　症状や　障害。

す。

　以下のような　症状や、いつもと違うことに　気がついたら　すぐに責任者に　伝えてください。

★脳梗塞の症状

●片方の　顔や手足が　しびれる。力が　入らない。

●うまく　話せない、言葉が　出てこない。

●他の人が　言っていることが　理解できなくなる。

●片方の目が　見えなくなる、見えないところが　出てきた。

●1つの物が　2つに見える。

●食べ物が　飲み込みにくくなる。口から　水や食べ物が　出てしまう。

●突然　強いめまいや　頭痛、吐き気がする。

片麻痺

頭痛

(6) 神経の病気

①パーキンソン病 (Parkinson disease)

　脳からの　命令が　うまく伝わらず、からだが　自由に動かなくなる　病気です。

　数年かけて　少しずつ　悪くなっていきます。動きが　遅くなったり、細かい動きが　うまく　できなかったり、安静時に　手や指がふるえたりします。　一度歩き始めると、**突進する**※24 ように歩くため、転びやすいので　注意

手のふるえ

突進するように歩く

突進する※24：だんだんと　スピードが増して　小走りになり、自分では　止まれない状態で　進むこと。

が必要です。
　薬の**副作用**※25、脳梗塞や　脳出血などの　他の病気が　原因で　同じような症状を　起こすこともあります。

(7) 骨・関節の病気

①骨粗しょう症 (osteoporosis)

　骨が　弱くなって　折れやすくなる病気です。老化が原因で、女性に多い　病気です。骨折しやすくなるので　転倒しないように　気をつけることが　大切です。ふだんから　よく歩き、カルシウム（Ca）を　しっかりとり、太陽の光を　浴びることが　大切です。

②変形性関節症 (osteoarthrosis)

　関節の**軟骨**※26が　すり減って、関節が　炎症を起こした状態です。
　関節の　痛み、腫れ、水がたまる、などの　症状があります。**気候**※27により、症状や程度は　変化します。痛みがあるときは　安静にすることが　大切です。肥満は、関節に負担をかけるので、予防には　体重を　コントロールすることが　大切です。

副作用※25：薬を　使う　目的以外の　はたらきで、悪い症状が　出ること。
軟骨※26：関節が　よくはたらき、また　重い体重を　受けられるように、骨と骨の間にあり、クッションの　はたらきをするもの。
気候※27：天気・気温・雨の量・風などの　大気の状態。

⑥ 感染症

COVID-19（新型コロナウイルス感染症）、肺炎、結核、インフルエンザ、感染性腸炎、皮膚感染症など　いろいろな感染症（infection）　があります。

高齢者は　熱や痛み、かゆみなどの　症状を言うことが　あまりないので、発見が　遅れることが　あります。様子が　いつもと違う　と感じたら　バイタルチェックをしたり、痰や　便や　尿の　状態を　確認することが　大切です。

また　感染症のなかには　他の入居者や　介護職員に　感染するものがあり　クラスター（**集団感染**）※28を　起こすこともあります。

感染を　予防するには　何から感染するのかを　知っておくことと、うがい、手洗い、マスク、使い捨て手袋、換気などの　予防策を　しっかり行うことが　大切です。

| うがい | 手洗い | マスク | 使い捨て手袋 |

集団感染※28：一緒にいる　人たちに　どんどん感染し、大勢の人が　感染すること。

（1）主な感染症

① COVID-19（新型コロナウイルス感染症）

2019年 12月に 発生した 新しい ウイルスの 感染症です。

熱、咳、のどの痛み、頭痛などの 風邪の症状や、息苦しさ、強いだるさ、味や においを 感じないなどの 症状が 出ます。

ひどくなると 肺炎になり、呼吸が 苦しくなります。

人への 感染力が 強く、介護施設では クラスター（集団感染）が 起きやすいので、感染予防の 徹底が 必要です。

症状が出る 2日くらい前から 感染力があります。感染していても、無症状の人も 多いので、気づかないうちに 感染が 広がっています。

★感染のしかた

●飛沫感染…咳・くしゃみ・会話などによって、空気中に 飛んだ ウイルスを 吸うことで 感染する。

●接触感染…ウイルスが ついた 手・ドアノブ・手すり・便座・スイッチ・ボタンなどに さわることで 感染する。

★感染予防

●マスクを つける。

●石けんと流水で 手洗い。

●アルコールで 消毒。

●窓やドアを 開けて 換気。

●他の人との 距離を とる（できるだけ 2メートル（最低1メートル）以上離れる）。

●人が 集まる場所へ 行かない。

●食事中は、話さないで 黙って 食べる。食べ終わってから、マスクをつけて 話す。

②インフルエンザ (influenza)

日本では 冬に流行します。咳、くしゃみ、会話などで ウイルスが飛び 感染します。

高熱、のどの痛み、からだが重くて 元気がない、関節や 筋肉が痛い などの 症状が出ます。

潜伏期[※29]は 1～3日程度、熱が下がってから 2日後くらいまでは 他の人に 感染させる 可能性があります。

発症した人と たくさん かかわった人は 感染が 広がるのを 防ぐために 薬を 飲むことが あります。

高齢者も、介護職員も、インフルエンザに ならないように、毎年、冬になると 予防接種（ワクチン）を 打ちます。

③ノロウイルス感染症 (norovirus)

感染すると 激しい嘔吐や 下痢を 起こします。
人への 感染力が 強く、冬に 多い 感染症です。

★感染のしかた
●便や 吐いた物に さわる。
●吐いた物から ウイルスが入った小さなかたまりが 空気中に 飛んで 感染する。

便や 吐いた物に 直接 手で さわらず、使い捨ての手袋、使い捨てのエプロン、使い捨てのマスクを します。

潜伏期[※29]：病原体に 感染してから、からだに 症状が 出るまでの 期間。

☝ ノロウイルスの対応

①アルコール消毒※30は　効果がないので、次亜塩素酸ナトリウム（台所用漂白剤）を　使います。500mlの　ペットボトル1本の　水に、ペットボトルの　キャップ2杯の　台所用漂白剤を　溶かした消毒薬を　作り、この消毒薬で　床を拭いたり、嘔吐物や便のついた　衣類の　消毒をします。
新聞紙やペーパータオルを　ひたし※31　吐いた物に　かぶせます。

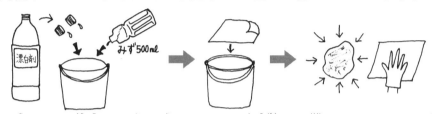

②窓を開けて　空気を　入れ替えながら、消毒を　始めます。
③吐いた物は、消毒薬に　ひたした　新聞紙か　ペーパータオルで拭き取り、ビニール袋に　入れて　密封※32します。
④食器類も　消毒薬に　ひたし、消毒します。
　洗濯は　85℃で　1分間以上の　熱水洗濯や、消毒薬による消毒をします。
⑥処理をするときは、使い捨ての　手袋、マスク、使い捨てのエプロンをつけましょう。
⑥ドアノブや　便座なども、この消毒薬を　ひたしたペーパータオルなどで　拭きます。

⑦石けんと流水で、手の指の間まで　よく洗います。

④白癬 （水虫 (athlete's foot)）

　白癬菌が　足裏の　皮膚に　ついて、増えて　起こる　感染症です。指の間が　白く　ふやける、小さな　水疱が　できる、カサカサして皮が　むける、などの　症状がでます。
　足を　清潔にして、乾燥させましょう。足拭きマットや　スリッパな

消毒※30：ウイルスなどを殺し、感染を　防ぐこと。
ひたす※31：液体の中に　入れて、十分に　液体で　濡らすこと。
密封※32：すきまの　ないように、ぴったりと　ふさぐこと。

どから　感染が　広がります。

　多くの高齢者は　爪白癬をもっており、感染した爪は　厚くなり、白〜黄色に　変わります。白い　すじが　できたり、ボロボロと　くずれたりします。足の爪は　歩くために　大切なもので、爪白癬があると、転びやすくなります。

　水虫は　治りにくく、**再発**※33しやすいため、早く発見し、治療を　しっかり続けることが　大切です。

　毎日　入浴できない場合は、足浴や　手浴で　清潔にすることが　効果的です。

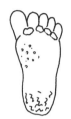

⑤疥癬（scabies）

　ダニ※34の一種が　原因で、おなかや胸、太ももの内側などに　強いかゆみと、赤いぶつぶつ（発疹）が出ます。直接　さわるだけではなく、衣類や　シーツからも　感染します。施設内で　感染が　広がる危険が高い病気です。

　疥癬虫は　熱に弱いため、汚染された　衣類やシーツは　熱いお湯での洗濯が　必要です。

⑥帯状疱疹（herpes zoster）

　水ぼうそうと　同じ　ウイルスで　起こる　病気です。片側の皮膚（肋骨に沿った　部分や顔）の　ピリピリした痛み（刺すような　痛み）や鈍い痛み（重苦しく　続く　痛み）、かゆみ、発疹が出ます。帯状疱疹後の　痛みは　数か月から　数年　続くこともあります。抗ウイルス薬で治療します。

再発※33：一度　治療した　病気が　もう一度　起こること。
ダニ※34：人の　からだの　組織の中で　栄養などを　奪う　小さい動物。mite

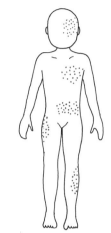

発疹が　出やすいところ

⑦結核 (tuberculosis)

　症状が出ている人の　くしゃみや咳から出た　空気中の　結核菌を吸って　感染する　病気です。感染しても　必ず　症状が　出るわけではなく、からだの中に　隠れていて (保菌)、**抵抗力**※35が　弱くなったときに　症状が　出てきます。

　結核は　咳や痰、37.5℃くらいまでの熱、動きたくない、食欲がない、などの　症状が　続き、痰に　血が混ざることも　あります。ひどくなると　呼吸が　できなくなってきます。

　感染力が　高いため、とても　重要な病気です。

　施設に入る前に　結核のような　症状がないか、過去に　結核にかかったことがないかを　確認する　必要が　あります。

　なお、入居者、介護職員は　年1回の　レントゲン検査を　受けなければなりません。

抵抗力※35：病気や　病原体、環境が　悪くなることなどに　負けないで、健康でいる力。

⑧ B型肝炎（がたかんえん）(hepatitis B)、C型肝炎（がたかんえん）(hepatitis C)

血液（けつえき）や　体液（たいえき）から　感染（かんせん）します。

普通（ふつう）の生活（せいかつ）では　感染（かんせん）の可能性（かのうせい）は　ほとんどありませんが、出血（しゅっけつ）しそうなときや　血液（けつえき）に　さわるときには、必（かなら）ず　使（つか）い捨（す）ての手袋（てぶくろ）を使（つか）います。

だい しょう
第7章

にん ち しょう   り かい
認知症の理解

にんちしょう りかい   にんちしょう
認知症を理解し、認知症ケアを　することは、とても
たいせつ
大切なことです。
げんいん   びょうき   で   しょうじょう   ちが
また、原因となる病気によって　出てくる症状も　違っ
てきます。
にんちしょう   りょうしゃちゅうしん   ひと   たいせつ
認知症ケアの　利用者中心・その人らしさを　大切に
かい ご   きょうつう   してん
するケアは、すべての　介護に　共通する　視点でもあ
ります。

① 認知症ケアの視点

「認知症があっても、どのように　その人らしく暮らしていくことが　できるのか」を　考えることが　認知症ケアの**視点**[1] です。

その人らしい　生き方とは、何よりも　人間らしい生き方です。

認知症の人の　気持ちを知り、その人の**立場**[2] に　立ってみると、認知症があっても　できることが　たくさん　あることが　わかります。

第7章

認知症の理解

1. 問題として　みるのではなく、人として　接します

●自由を　保障する

その人を　中心としたケアとは、その人に　できるだけの**自由**[3] を**保障する**[4] ことです。

そのためには、その人が　どのような人生で、何が好きで、何が大切なのかなど、その人を　よく　知らなければなりません。

●その人の立場に　立って　考える

その人が考え、思っていることを　認めて、その人の立場に　立って考えることです。その人の　こころに**寄り添う**[5] ことが　何よりも　大切です。

視点[1]：見たり　考えたりする　見方。
立場[2]：その人の　状況。
自由[3]：自分の　こころのままであること。
保障する[4]：守ること。
寄り添う[5]：その人の　気持ちや　こころを大切にし、考えを　理解しようとすること。

２．できないことではなく、できることをみて　支援する

●寄り添って、平等な関係を　作る

「援助する──援助される」という関係ではなく、平等※6な関係を作ることが　大切です。

急がせたり、本人が　やっていることを　途中でやめさせたり　することで、認知症の人が　できることや　したいことを　奪ってしまうことが　あります。

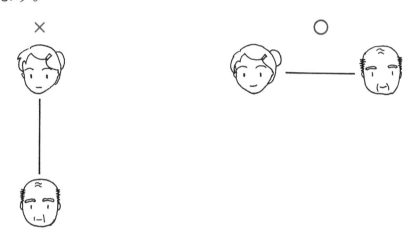

×　　　　　　　　　○

●本人の　もっている力や　本人の　思いを　引き出す

その人の　生きてきた人生と、気持ちや思いを　しっかりと理解して、残された　能力や意欲を　引き出していくことが　大切です。

「本人は　何か思いがあって　行動している」ということを　理解することが　大切です。

平等※6：差別がなく　同じであること。

2 認知症の基礎と健康管理

（1）認知症とは

認知症は、脳の細胞が 死んだり、脳のはたらきが 弱くなり、脳が もとに 戻らない変化が 起きるために 出る症状です。

変化が起きた 脳の場所に よって、いろいろな 機能が 今まで通りに はたらかなくなります。

そのことで、今まで 通常の生活を 送っていた人の 日常生活や社会生活が、困難に なった 状態のことを 認知症と いいます。

（2）認知症に似た状態

認知症に似た 症状が 出ますが、正しい治療や 対応を すると、症状が 少なくなったり、消えることが あります。

①せん妄

せん妄は、興奮して 落ち着かなくなり、さらに 幻覚[※7]や 幻聴[※8]や 幻視[※9]が 起こる状態です。

環境が 変わったり、具合が 悪いとき（感染症などの 病気や、ひどい 脱水など）に 起こります。

脱水が 治ると 落ち着くことが 多いです。水分を たくさんとってもらいましょう。

幻覚[※7]：そこにないものを 感じること。
幻聴[※8]：そこにない音が 聞こえること。
幻視[※9]：そこにないものが 見えること。

本人を　安全な状態にして、せん妄が　治まるのを　待ちましょう。優しく「大丈夫ですよ」と　言って　みましょう。手を　握ったり、背中や　腕を　優しくさわると、落ち着くことが　多いと　いわれています。

スキンシップによって　安心感が伝わって、落ち着くのでしょう。

②うつ症状

うつ症状は　こころの　エネルギーが　低下した　状態です。

家族や　友人の　死や　健康への　不安などの　ストレスが　原因になります。

薬で　症状を　軽くすることが　できます。

うつ症状の　薬を　飲むと、ふらつきやすく　なったり、眠くなったり　します。転倒しやすく　なるので、注意が　必要です。

＜うつ症状の３つの症状＞

●うつ気分

- ・落ち込んだ気持ち
- ・何をしてもつまらない
- ・寂しい
- ・不安
- ・死にたい

●意欲の低下

- ・何もやる気が　なくなる
- ・集中できない
- ・物事を決められない

●からだの症状

- ・頭痛、頭が重い

第7章　認知症の理解

99

・眠れない
・食欲が　ない
・便秘

　「しっかりしなさい」「がんばって」という　励ましの言葉は、逆に
うつ症状の人を　苦しめてしまうので、使っては　いけません。
　「死にたい」など　自殺したい　気持ちのある人には、十分　注意し
ます。

(3) 認知症の主な原因疾患と症状

①アルツハイマー型認知症

　脳の神経細胞が　だんだんと壊れていき、脳の萎縮が　起きる　病気です。

　70歳以上の　女性に多く、急に　物忘れや　妄想が始まり、ゆっくりと　悪くなっていきます。

　アリセプトという薬が　進行を　遅らせる　薬として　使われます。

②血管性認知症

　脳梗塞や　脳出血という　脳血管障害によって、脳の組織が　死んでしまうために　起こります。

　原因となる　一番多い　病気は、高血圧症です。

　脳血管障害は　くり返しやすく、そのたびに　認知症も　悪くなり、からだの　片方の麻痺や　言語障害なども　一緒に　起こります。

　症状の現れ方が　特徴的で、突然　症状が現れたり、良くなったり悪くなったりします。

　異変が　出る前に、頭痛・頭が重い、めまい、物忘れ　などの　自覚症状が　あります。

　からだの片方に　力が入らない、顔の半分に　麻痺が出る、言葉が出なくなって　しゃべりにくい、などの異変が出てきます。

　異変が出てから　5時間以内に　治療を始めれば、ほとんど　後遺症が　残らない可能性が　大きくなります。早くに　治療を　始めることが　大切です。

第7章　認知症の理解

③レビー小体型認知症

　レビー小体という　物質の増加が　原因で　起こるもので、男性に多い　病気です。物忘れよりも、幻視が　初めに見られ、何もないところに　話しかけることもあります。

　レビー小体型認知症の人の　幻視は、本人には　本当に見えているので、否定してはいけません。

　手が　ふるえる、筋肉が　こわばるなどの、パーキンソン病のような症状や、うつ病のような症状が　出ることもあります。

　動作が　ゆっくりでも　急がせないで、ぼーっとしているときは　できないときだと　理解します。

　症状は　はっきりした　調子が良いときと、ぼーっとしているときを　くり返しながら　少しずつ　悪くなります。

　歩くことが　難しくなり、転倒しやすく　なります。

④前頭側頭型認知症

　脳の一部である　前頭葉や　側頭葉が　萎縮していく　病気です。40歳以上から　65歳にかけて　発症します。

　症状は　特徴的で、他人の物をとる、すぐに怒る、暴力をふるう、性格が　変わったようになる　などが　物忘れより　先に出ます。悪いことだと　理解できないため、注意しても　変わりません。

　同じ言葉を　何度もくり返したり、ある時間になると　いつも　同じ行動を　したりすることがあります。無理に　やめさせないようにします。

　食事は　同じものを　食べたり、甘く、濃い味のものを　好むようになります。机の上や、冷蔵庫のものを　勝手に　食べてしまうことがあるので　注意します。

3 認知症に伴うこころとからだの変化と日常生活

（1）認知症の人の　生活障害、こころのはたらき、行動の特徴

103

①認知症の中核症状（脳の 細胞の 障害で 起こる症状）

記憶障害	最近のことを 覚えていられない。 昔のことや 名前を 思い出せない。
実行機能障害	何かをやろうとしたときに、どうしたら良いかわからなくなる。 ・料理の手順が わからない。 ・着替えることが できない。
見当識障害	時間が わかる力が 弱くなる。 場所が わからなくなる。
判断力低下	判断が必要なときに、どうしたら 良いかわからなくなる。

②認知症の周辺症状

不安感	いつも 心細くて、心配な 気持ち。
徘徊	私は どうしたらいいの？ どこにいればいいの？ 不安で 止まっていられず、 自分のいる場所を 探して 歩き回る。

不穏 （ふ おん）	興奮（こう ふん）したり、 落（お）ち着（つ）かない 状態（じょう たい）のこと。
うつ状態（じょう たい）	気持（き も）ちが暗（くら）くなって、何（なに）もできなく なる。
睡眠（すい みん）の乱（みだ）れ	なかなか　眠（ねむ）れない。 すぐに　目（め）が　覚（さ）めてしまう。
攻撃的（こう げき てき）な行動（こう どう） 介助（かい じょ）への抵抗（てい こう）	暴力（ぼう りょく）をふるったり、ひどいことを言（い）う。 何（なに）をされるのかという怖（こわ）さから、介助（かい じょ） を嫌（いや）がる。
幻覚（げん かく）	いないはずの人（ひと）が　見（み）える。
幻聴（げん ちょう）	聞（き）こえるはずがない　音（おと）や声（こえ）が 聞（き）こえる。
妄想（もう そう）	現実（げん じつ）ではないことを、あることの ように感（かん）じる。
不潔行為（ふ けつ こう い）	お尻（しり）のあたりが　気持（き も）ち悪（わる）くて お尻（しり）にさわり、手（て）に　便（べん）がついて も、洗（あら）えば良（よ）いことが　わからな い。

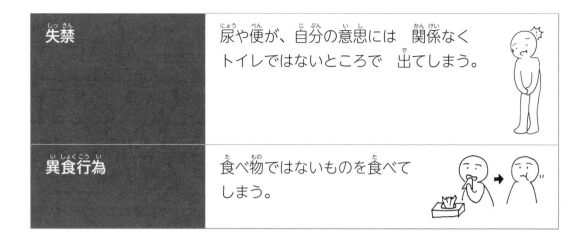

| 失禁
（しっきん） | 尿や便が、自分の意思には　関係なく
トイレではないところで　出てしまう。 |
| 異食行為
（いしょくこうい） | 食べ物ではないものを食べて
しまう。 |

（2）認知症の人への対応

①コミュニケーション
● 優しい声で、短く、わかりやすく　話します。
● 表情や　動きや　タッチングなどを　上手に使います。
● 同じ話を　何回　話しても、初めて　聞くようにします。
● 声と音を　一緒に　聞くと、何を　言っているのか　わからなくなります。だから、テレビは　消してください。テレビの音は、コミュニケーションに　とても　邪魔になります。
● 二人以上の　人が、同時に　話さないで　ください。

②基本的な　生活を　整える
● 朝　起きてから、夜　寝るまでの　生活のリズムを　大切にします。

③環境を　整える
● 時計や　カレンダーを　つけて、時間や　日にちを　感じられるように　します。
● 自然や　季節を　感じられるように　します。

●トイレや　お風呂、自分の部屋が　わかりやすいように、目印などで工夫します。

●洗面用具などの　生活用品を　見えやすいところに　置いて、日常的な　生活をする力を　保ちます。

●音や　光、においや　さわった感じ　など、五感を　刺激する環境を工夫します。

●大きな音や　大きな声、強すぎる光などの、その人を混乱※10させ　嫌だと感じることを　減らします。

●転倒などの事故が　起こりにくいように、手すりをつけたり、床の段差を　なくしたりします。床に　物を置いたり、床に　水がこぼれたままに　しないように　気をつけます。

●今まで　生活していた　ところと、できるだけ　同じようになるように　工夫をします。本人が　大事にしてきた　人形や　写真、個人的な　持ち物を置いて、安心できる　場所作りを　します。

●認知症の人が　使える　キッチンや　洗濯機などを　用意し、食事作りや　洗濯など、できることを　続けられるように　します。

④かかわり方

●家に　帰りたいという　強い思い（帰宅願望）が　ある人には、その人が　集中できるような　仕事を　お願いして、見守ります。
帰宅願望は、特に　夕方に　現れやすいです。

●プライバシーを　大切に　しましょう。入浴や　排泄、着替えを　するときなどには、他の人に　見えないように、ドアを閉めたり　カーテンを閉めます。居室に　入るときには、ノックをして　声をかけます。

●利用者が、居室にばかりいないで　他の人と　交流できるように、声かけをしたり、場所作りをします。

第7章
認知症の理解

混乱※10：何が　どうなっているのか、わからなく　なってしまうこと。

●利用者に 「ありがとうございます」と 感謝の気持ちを 伝えます。自分が 役に立っている、必要とされている、という気持ちを 利用者に もっていただくように します。
●散歩や、入浴、料理などを 一緒に することで 安心するので、信頼関係ができます。

④ 家族への支援

(1) 家族へのレスパイトケア

　レスパイトは　休息、休みのことです。
　認知症の人を　介護している家族の　**負担**※11を　減らすために、認知症の人と　家族が　少しの時間　離れ、家族が　休みをとれるように支援することを、レスパイトケアといいます。

(2) 家族へのエンパワメント

　家族への　エンパワメントとは、家族が　もっている力を　使えるように　支援することです。

　家族への　対応の基本は、家族の　介護方法を　尊重することです。どのようなときも、家族の思いを　聞くことが　大切です。

　家族は　さまざまな力を　もっています。その力を　うまく　使っていただくように　することも、介護職員の　仕事の1つです。

　介護職員は、家族に代わって　すべてを　やってしまうのではなく、「家族と一緒に　介護する存在」として　家族と　協力していきます。

負担※11：重荷。

第8章
だい　しょう

障害の理解
しょうがい　りかい

障害の　大まかな　意味と、障害者福祉の　基本的な
考え方を　理解しましょう。

① 障害者福祉の基本理念

....

（1）障害者福祉の３つの基本理念

主な　障害者福祉の　基本理念は　次の３つです。

①ノーマライゼーション

　ノーマライゼーションとは、障害を支援することで、障害があっても、障害がない人と一緒に　暮らせる社会を　めざすことです。

②リハビリテーション

　なんらかの原因によって　今までの状態を　失ってしまった場合に、もう一度　もとの力を取り戻したり、残った力で　生活できるようにすることを　リハビリテーションといいます。

③インクルージョン

　障害者福祉では、障害が　あるか　ないかに　かかわらず、すべての人が　同じ社会で　支え合い、共に生きるという　インクルージョンの考えが　大切です。

国際生活機能分類

国際生活機能分類（ICF：International Classification of Functioning, Disability and Health）は、世界保健機関（WHO）が決めた分類です。

障害のある人が　生活に困る場合、その人の障害だけではなく　エレベーターがないなどの　他の原因もあります。

国際生活機能分類（ICF）は　障害がある人の生活機能を　障害だけでなく　環境も一緒に　広い視点で　考えることを　めざしています。

国際生活機能分類（ICF）では、人間が生きるための　生活機能を「心身機能・身体構造」「活動」「参加」の　3つに　分けて　います。

特に活動は、
① 「している活動」…ふだんの生活で　している活動
② 「できる活動」……いつもは　できないが、助けや工夫により　できる活動
③ 「する活動」………将来　することになる活動

具体的な目標を　決めて、それに向かって「している活動」と「する活動」を　進めていくことが　大切です。

3 障害の医学的側面、生活障害などの基礎知識

(1) 身体障害

①視覚障害

　視覚障害とは、視力や　視野に　障害が　あることです。めがねやコンタクトレンズなどを　使っても　見えない、または、見えにくい状態です。

　視力とは、物の形や　存在を　見て、理解する能力です。

　視野とは、目を動かさないで　同時に見える　範囲（広がり、広さ）のことです。

★視覚障害のある人の　歩行介助

　介護職員の　二の腕（肩から肘までの間）を、利用者に　もってもらうと　安定した歩行が　可能になります。この方法を　手引き歩行と　いいます。

　このとき　介護職員は、もってもらう腕の肘を　直角（90°）に曲げておくと、安定します。

　障害物や　段差があるときは、その前で　いったん止まり、説明をすると　安心して歩けます。

　介護職員と　利用者の　身長の差が　ある場合は、肩や腕を　もってもらいます。もってもらうところの　安定に注意することが　介助のポイントです。

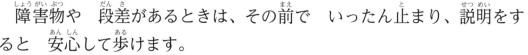

②聴覚障害・言語障害

聴覚障害とは、音が　聞こえない、または　音が　聞こえにくい　状態の　ことです。

ほとんど聞こえない状態を　**ろう**、少しは聞こえる状態を　**難聴**といいます。

言語障害とは、うまく　発音することが　できない、または　うまく言葉を　使うことが　できない　状態の　ことです。

3歳より前から　重度の聴覚障害がある場合は、周りで話している言葉を　聞くことが　できません。このため、話し言葉を覚えるのが難しくて、ちゃんと　話すことができない場合が　あります。この場合、手話を覚えて　コミュニケーションを　とります。

言語障害があると、話すことだけではなく、聞く、読む、書く　などでも　困る場合が　多いです。

どちらの障害も、情報がなくなって、周りの人との　コミュニケーションが　難しくなります。このため、社会への参加が　不自由になります。コミュニケーションをとる　方法としては　次の3つがあります。

★コミュニケーションのとり方

●筆談…中途失聴のある人（突然　聞こえなくなった人や　聞こえにくくなったばかりの人）に　とっては、書いて　伝える　筆談は　効果があります。

●読話…話す人の　顔の表情や　唇の動きを見て　話の内容を　理解する　読話が　できる人もいます。

●手話…手の形、手の動きを　使って　伝える　手話が　理解できる人もいます。

指文字

手話

ありがとう

あ　い　う

これらを使って　コミュニケーションを　とります。

③肢体不自由（運動機能障害）

肢体不自由とは、四肢（**上肢**※1、**下肢**※2）や　運動機能に　障害があることです。

麻痺とは、手足や　からだを　自由に　動かせなくなることです。

介護職員は、こちらからだけ　何かを介助する、指導する　というのではなく、その人に　寄り添い、一緒に悩んだり　考えたりする人であることが　重要です。

その人が望む　当たり前の生活が　できるように　支援します。

本人のもつ力や　可能性に　気づき、利用者に　自信を　もってもらえる　支援が大切です。

上肢※1：肩から先の　腕全体。
下肢※2：股関節から先の　脚全体。

片麻痺	単麻痺	対麻痺	四肢麻痺
右側、または左側の半身のどちらかに麻痺がある。脳の傷ついた場所によって、音声・言語障害が起きることがある。	上下肢のうち、どこか一肢だけの麻痺がある。	両上肢または両下肢の麻痺がある。脊髄損傷などによるものが多い。	両上下肢に麻痺がある。多くは脳性麻痺や脊髄損傷によるもの。

第8章 障害の理解

(2) 知的障害

　知的障害は、18歳ごろまでに　現れ、考える力が　平均（IQ70）以下で、**適応機能**※3の　障害が　あります。

　何が得意で　何が不得意なのか、何が好きで　何が嫌いなのか、その人自身が　どんな人かを　見るという　姿勢を　もつことが大切です。いろいろなことに　チャレンジして、自分らしさが　自分でわかってくる　という点は、障害が　あっても　なくても、すべての人にとって共通のことです。

適応機能※3：日常生活や　社会のなかで、どのように　効率よく　対応し、自立しているのかを表す　機能。

介護職員が　その人の　立場に立って　考え、いろいろな　やり方を一緒に　試してみることは、その人の　生活の　自立支援に　つながります。

（3）精神障害

①代表的な精神疾患

統合失調症	生活環境の　変化や　ストレスが　発生の原因となることが多く、感情や意欲の　障害が　起こります。
うつ病	気分が沈み、意欲が　低下します。簡単な気持ちで励ますと、本人には　負担になったり、周りの人に理解されていないと　思うので、注意が　必要です。
双極性障害（躁うつ病）	興奮状態と　うつ状態を　くり返します。
アルコール依存症	長い間　お酒を　飲み続けていると、お酒を　飲んでいないと　からだのふるえや　せん妄、幻聴や　幻想などが　起きてきます。お酒を　飲み続けることで、日常・社会生活、健康面で　大きな問題が　起きます。
神経症性障害	生活の　出来事や、急で　ものすごい体験などの　ストレスによって　発症します。

　精神科医師による　治療を　続けることと、家族の支援が　大切です。

周りの人たちの　緊張した気持ちや　不安な気持ちは、そのまま　利用者に伝わって、みんなが　緊張してしまいます。あせらないで、利用者の立場や　気持ちを　思いながら、普通に　日常会話を　楽しむように　しましょう。**守秘義務**※4を守り、指導的な態度や　命令する言い方は　しないで、利用者を　一人の人として　尊重して　かかわります。

本人の　これまでの生活スタイルや　**こだわり**※5や　考え方を　認め、受け止めたところが　支援のスタートです。

しかし、強いこだわりを　利用者に　主張されて、できないことを　求められたら、それが　なぜ　できないかを　わかってもらう機会を　もつことも、支援のなかでは　大切です。

（4）家族の心理、かかわり方や支援の理解

障害児・障害者の家族は、いろいろな不安や　ストレスを　感じています。そのため、介護職員は、障害児・障害者だけでなく、家族のニーズを　理解し、寄り添うことが　必要です。

家族支援とは、家族の介護の　代わりをする　支援だけでは　ありません。家族の　社会参加や　**自己実現**※6の　支援も必要です。

第8章　障害の理解

守秘義務※4：利用者の　秘密や情報を、他の人には　絶対に話しては　いけないということ。

こだわり※5：こうでなければダメ、という　強い気持ち。

自己実現※6：自分らしく　生きること。

こころとからだのしくみと生活支援技術

安全な 介護サービスの 提供方法などを 理解し、基礎的な介助が できるように なりましょう。

尊厳を保って、その人の 自立を 尊重し、もっている力を 使ってもらいながら、その人の 生活を支える介護技術や知識を 習得しましょう。

介護の基本的な考え方

　介護とは、加齢や　障害のため、自分らしい生活が　難しくなった人を、地域社会で　自立した　その人らしい生活を　続けられるように支援することです。

　できないことを　なんでも　やってあげることは、プロの介護ではありません。

　できること・できないことを　きちんと理解して、残された力で、自立した　その人らしい人生を　自分の意思で　生きていけるように　支援することが　とても大切です。

　こころとからだの　しくみを　しっかりと　理解し、根拠のある　介護を　しましょう。

●加齢や障害が　あっても　生活できる　環境を作る
●廃用症候群に　ならないように、できるだけ　動いてもらう
●生活意欲を　引き出していくために、自分で　できることは　自分で　やってもらう

などにより、できることを　1つでも　増やしていくことが　大切です。
　人は　誰かの役に立ち、感謝されることで、必要とされている　自分を　感じます。誰かに　必要とされていることが、生きている　喜びにつながります。すべてに　介助が　必要な人には、「そばにいてくれてありがとうございます」という　気持ちを　伝えましょう。

こころのしくみ

介護が必要になると、

● 生命や安全への　怖さや　不安があります。
● 人間関係、社会的活動が　小さくなります。
● 自尊心が　低下します。
● 自己実現しにくくなります。

　このような　うまく　いかない状態が　続くと、攻撃や　拒否など、社会的に　不適応な行動を　引き起こす場合が　あります。そうしなければ　我慢できなかったり、そうするしかない　場合も　あります。

　本当は　できるはずのことまで　無理だと　あきらめてしまったり、他の人に　頼り続けるようになって、介護の負担が　増えたりします。
　これらは、介護の現場で　できるだけ　防ぐことが　できます。利用者が、自分自身を　大切な存在であると　思えるようにしましょう。利用者が、自分で考えて　行動しようとする　気持ちを　もち続けることが　大切です。

　人の行動は、行動を起こす　なんらかの　理由があって　発生します。そのなんらかの　理由により、「～したい」と思う　気持ちが、行動につながります。この「～したい」と思う　気持ちを「意欲」　といいます。
　自分自身が「～したい」と　思う気持ちは　長く　続きます。利用者の　意欲を　引き出すような　言葉かけや　ケアを　しましょう。

第9章　こころとからだのしくみと生活支援技術

123

③ からだのしくみ

（1）からだのはたらき

　高齢者の　からだで　特に　大切な　はたらきを　するものとして、骨、腎臓、心臓が　あります。

①骨のはたらき

- 頭や　内臓を　支え、からだを　支える柱と　なっています。
- 脳や　内臓などの　重要な器官を　守っています。
- 骨には　血を作る　はたらきがあり、赤血球、白血球、血小板を、常に作り出しています。
- カルシウム、リン、ナトリウム、カリウムなどを　骨の中に　ためています。

②腎臓のはたらき

　血液を　ろ過※1し、からだの中で　使われて　残った　要らない物や塩分を　体外に　排泄します。

③心臓のはたらき

　心臓は　筋肉から　できていて、心臓の筋肉が　縮んだり（収縮）、広がったり（拡張）する動き　によって、全身に　血液を　送っています。

　心臓が　収縮したときの血圧を　収縮期血圧（最高血圧）といい、拡張したときの血圧を　拡張期血圧（最低血圧）と　いいます。

ろ過※1：混ざっている　小さな固体を　分けること。

第9章　こころとからだのしくみと生活支援技術

124

（2）脳の構造とはたらき

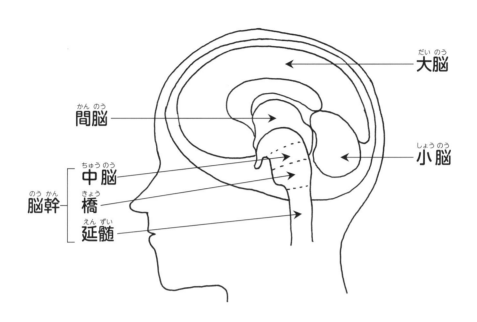

大脳	考えたり、話したり、気持ちや　感情などの　こころのはたらきをする。
間脳	視床と　視床下部がある。視床下部には、自律神経と　ホルモンをコントロールする　場所がある。
中脳	神経の　通り道。いろいろな反射[※2]に　関係している。
橋	脳と脊髄[※3]の　連絡路。
延髄	循環[※4]や呼吸運動などの　生きていくために　必要な　はたらきをする。
小脳	運動や姿勢の　調整[※5]などの　はたらきをする。

反射[※2]：刺激を受けて　無意識に起こる　からだの反応。
脊髄[※3]：脳から　続いて　背骨の中を　通っている　神経の束。
循環[※4]：一回りして、もとへ　戻ることを　くり返すこと。
調整[※5]：整えて　良い状態に　すること。

（3）末梢神経の分類とはたらき

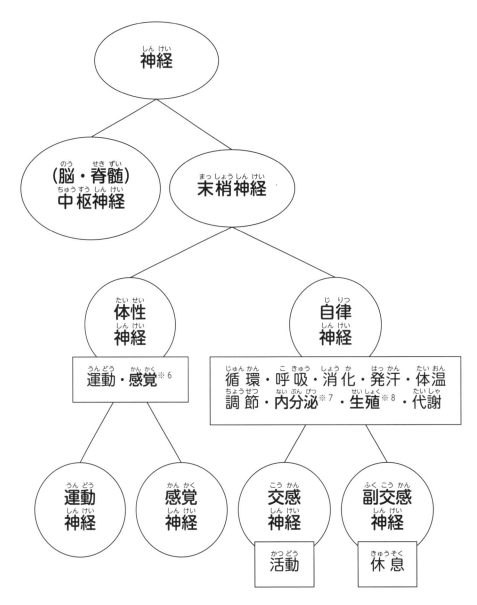

感覚※6：からだの 内外から 受けた刺激を 感じるはたらき。
内分泌※7：ホルモンを 血液の中に 出すこと。
生殖※8：子どもを 作ること。

４ 生活と家事

介護保険制度のなかでの **訪問介護**の 内容は、3つ あります。

①**身体介護**：入浴・排泄・食事介助など
②**生活援助**：調理・洗濯・掃除などの 家事援助
③**乗降介助**：通院などのための 乗車・降車の介助

　いずれも、何もかもを 介護職員が やってしまったり、利用者に 指示するのは、プロの介護では ありません。一緒に行う 介護の視点を もちましょう。

　すべての介助には 根拠があり、自立支援に つながり、生きている 快適さに つながります。

　できること、できないことを よく見て、できることを 見つけます。できることは 「お願いできますか？」と 手伝いを お願いします。一緒に行ったら、必ず 「ありがとうございました」と お礼を 言いましょう。
　できることが あること、できることが 増えることが、その人の 意欲を引き出し、生活が 良くなります。

　それぞれの 利用者の 生活の習慣や 何が大切かが 違っています。それぞれに こだわりがあり、一人ひとりの 違いが 大きいのが 家事援助の 難しいところです。

① 調理

おいしいだけではなく、誤嚥しないように、食べやすいように、その人の 飲み込みの状態によって 作り方を 考えます。

② 洗濯

認知症がある人の 衣類は できるだけ 見やすいように ハンガーにかけたり、引き出しに パンツ、靴下のように ラベルを貼ったりして、わかりやすい 工夫をします。

③ 掃除

場所を変えたものは もとの場所に 戻しましょう。
臭いが 部屋の中に 残らないように、掃除中は 窓を開けて 換気をします。
掃除機のごみは こまめに 捨てましょう。

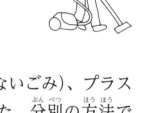

ごみは、可燃ごみ（燃えるごみ）、不燃ごみ（燃えないごみ）、プラスチック、缶、ビンなど、市町村によって 決められた 分別の方法で捨てます。

ごみの分別

可燃ごみ
（燃えるごみ）

不燃ごみ
（燃えないごみ）

缶

スチール
あきかんはリサイクル

アルミ
あきかんはリサイクル

プラスチック

プラ

ビン

ペットボトル

PET

その人が　安心できる場所を　作りましょう。
ひと　　あんしん　　　ばしょ　　　つく

（1）プライバシーへの配慮
はい りょ

その人の　場所は、誰にも　邪魔されない、
ひと　　ばしょ　だれ　　　じゃま
安心して　一人になれる　場所です。
あんしん　　ひとり　　　　ばしょ
そこへ入る前には、必ず　ノックをしたり、「失礼します」と　声をか
はい まえ かなら　　　　　　　　しつ れい　　　　こえ
けて　返事を待ってから　入るように　しましょう。返事を　返せない
へんじ ま　　　　　はい　　　　　　　　　　へんじ かえ
人には、少し待ってから　入りましょう。そのとき、トイレに　入って
ひと すこ ま　　　　　　はい　　　　　　　　　　　　　　　　はい
いたり、着替え中かも　しれません。
き が ちゅう

（2）照明
しょう めい

施設でも、夜は　居室の外の　リビングや廊下は　暗くしましょう。
し せつ よる きょしつ そと　　　　　　ろう か　くら
入居者は、居室の外が　暗くなることで、夜だと　認識できます。
にゅうきょしゃ きょしつ そと くら　　　　　　よる　　にんしき
夜の　見回りは、居室の電気を　消したまま、懐中電灯で　自分の足
よる みまわ　　きょしつ でんき　け　　　　　　かいちゅうでんとう じ ぶん あし
元を　明るくして行います。入居者が寝ているのを　邪魔しないよう
もと あか　　　おこな　　にゅうきょしゃ ね　　　　　　じゃ ま
に　注意しましょう。
ちゅう い

（3）換気
かん き

冬でも　換気は大切です。
ふゆ かん き たい せつ
日中の　暖かいときに　窓を開け、十分に
にっちゅう あたた まど あ じゅうぶん
換気を　行いましょう。
かん き おこな

新鮮な空気を　取り入れることは、気持ちよいだけではなく、感染症の　予防にも　役に立ちます。

また、施設内に　臭いが　こもらないように　するためにも、換気は大切です。

(4) 湿度

空気が　乾燥しないように　注意します。
室内で　気持ちよいと　感じる　湿度は、40〜60％です。

POINT
空気が　乾燥しないように　しましょう

湿度が　40％以下になると、目や肌、のどが　乾燥するだけでなく、インフルエンザウイルスが　活動しやすく　なります。
反対に　60％以上になると、ダニやカビ[※9]が　発生しやすくなります。

(5) 温度

室内で　気持ちよいと　感じる　温度は、夏は 25〜28℃、冬は18〜22℃です。
季節を　感じるために、夏と冬で　適切な温度管理が　必要です。
後は、衣類で　調節します。

(6) 臭い

施設内が　臭わないように、換気を　十分に　行いましょう。
臭いが出る　オムツのごみや　生ごみは、ふたがついている　ごみ箱を　用意し、こまめに　捨てましょう。

カビ[※9]：湿気が　多いところに　発生する　菌。mold

(7) 転倒予防

足元に　物を置かないように　注意しましょう。
足元の　電気の線や、カーペットなどに　足を　引っ掛けて　転ぶことがあります。
　床が　水で濡れていると　滑りやすくなります。床の　拭き掃除に注意しましょう。

(8) 騒音への配慮

　人によって、どの音がうるさいか、違います。大きな声や　音楽、テレビの音に　注意が必要です。

整容<身じたく>

身だしなみを 整えることを 整容と いいます。

● 朝は 起きたら 顔を洗いま
　す（洗面）。
● 髪を 整えます（整髪）。
● 服を 着替えます（更衣）。
　夜は パジャマに 着替えます。
● 食事の 後は 歯を みが
　きます（歯みがき）。
　入れ歯の 人は 外して 洗います。
　口の 中も 清潔 にします。

> 顔を洗って 着替
> えて、さわやかな
> 1日がスタート！

　身じたくは、自分らしさを 表現する 1つの方法です。
　その人の できる方法で、その人の 生活習慣を 尊重しながら
支援していくように しましょう。

　いつも 清潔に 気持ちよく 過ごしてもらえるように 支援しま
す。身じたくひとつで 気持ちにも 変化が出ます。

　利用者が 不安にならないように、どんなことも、始める前に 説明
することが 大切です。
　まず 声かけをして、これからすることを 説明して 同意をもらっ
てから 始めます。

（1）洗面

　介護職員は、利用者が　転びそうになったら　すぐに支えられるように、患側（麻痺側）に　足を　肩の広さに開いて　立ち、利用者を　見守ります。
　利用者が　できないところだけを　介助します。

　車いすを　利用している　利用者は、洗面所まで　移動した後、ブレーキをかけて　フットサポートから　足を下ろし、足の底が　床についているかを　確認します。

　全介助の人には　少し熱いお湯（40℃前後）で濡らして、よく絞ったハンドタオルを　渡します。自分で顔を　拭いてもらい、できないところを　介助します。
　目（目頭から　目尻に　向かって）→額→鼻→頬→口の周りの　順番に　拭いていきます。

（2）ひげの手入れ

　男の人は　ひげを　そります（ひげそり）。
　安全カミソリでの　ひげそりは、介護職員には　できません。電気シェーバーを　使いましょう。

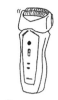

〇電気シェーバー　　　×安全カミソリ

(3) 爪の手入れ

　高齢者の爪は、弱くて　割れやすいため、力を　入れすぎたり、大きく切ろうとしたりせず、少しずつ　切るように　します。
※爪に　異常があったり、皮膚に　炎症があった場合、介護職員は　爪を　切ることができません。

　手の爪は、少し　角を切って　丸くします。
　足の爪は、角を　残したままに　します。

　切りすぎると　深爪になり、かえって　巻き爪の原因に　なります。
　爪と皮膚が　ぴったりと　ついている場合も　あるので、皮膚を　切らないように　注意します。

　入浴後や　熱い　濡れタオルを　あてた後に　行うと、水分で　柔らかくなるので　安全に　爪を切れます。このため、爪切りは　入浴後に　行うことが多いです。

　切った後に　爪やすりをかけて　爪の表面や　角を　なめらかにします。
　爪が　乾燥したり　割れたり　している場合は　クリームや　オリーブオイルなどを　つけて　保護します。
　切った爪が、飛んだまま　残らないように、周りも注意して　片付けます。

（4）着替え

　これから着替えをすることを　利用者に話してから始めます。

　介護職員は、利用者の患側（麻痺側）に　立って　いつでも　支えられるように　見守りながら、できないところを　介助します。

　バスタオルなどを　利用して、できるだけ　利用者のからだが　見えないように　気をつけます。

　患側（麻痺側）の　手足は　痛みを　感じにくいので、無理に曲げると　骨折することが　あります。ゆっくりと　注意して、手や足を　通します。

☝ 着替えのコツ

からだの　不自由な人の　着替えでは　からだの　動く側から　脱いで、動かない側から　着る。

（脱ぐ）動く側（健側）から　　　（着る）動かない側（患側）から

7 移動・移乗介助

どんなに　障害が　重くなっても、今までと　同じように、生き生き
とした　生活を続け、快適に　過ごすためには、

- 朝起きたら、着替える。
- テーブルについて、いすに座って
  食事をする。
- トイレで　排泄する。
- 外へ出る。

POINT

どこかへ　動いて
行けるのは　幸せ
なこと

このような　普通の生活を　続けることが、とても大切です。
　移動するということは、何かを　しようとする　意欲を　引き出すこ
とにもなります。

1. 関節の可動域

　関節の動きには　動かせる一定の範囲（可動域）が　あります。
動かさない関節は　硬くなり、可動域が　狭くなります。
無理な動きは、関節を　外したり、骨折することが　あります。

2. 介護職員の立ち位置と声かけ

　介護職員は、歩行介助の　必要な人の　患側（麻痺側）
の後方に　立ちます。

　何かを　始めるときや、次の動作に　移るときには
必ず　声をかけます。利用者が　不安を感じたり、物に

ぶつかったり、段差で、つまずいたり　しないように　します。

★大切なこと
①安全に　行うこと。
②利用者　一人ひとりに　合った　介助を　すること。
③利用者の　体調を　確認すること。
④声を　かけながら　介助すること。

3．自立支援
　利用者が　できることまで、介助する必要は　ありません。
　利用者が　もっている能力を　十分に　使いながら　介助します。

（1）歩行の介助

健側 ──────→ 患側（麻痺側）

からだを
動かせる側

からだを
動かせない側

ずっと　自分の
足で　歩きたい！

動かせる側の　手に　杖を持ちます。

介護職員は、利用者の　患側の　後方に
立ちます。

・歩くとき……………杖→患側→健側の順に進みます。
・階段を上るとき……杖→健側→患側の順に進みます。
・階段を下りるとき…杖→患側→健側の順に進みます。

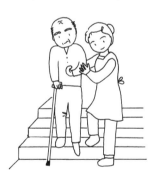

介護職員は、利用者の　患側の　前方で
段をまたいで　立ちます。

第9章　こころとからだのしくみと生活支援技術

139

(2) 移動・移乗に関する福祉用具

①杖

　杖は　歩くのを　助けるために、手に　持って　床や　地面に　「ついて」使う　道具です。

＜Ｔ字杖＞

　Ｔの形をした　グリップ（握り）が　ついている　杖です。

＜多点杖＞

　地面と　接する　杖の先が　１点ではなく　３点か　４点の杖です。

　健側（力が　入る側）の　手で　グリップを　握り、使います。

140

②シルバーカー

押して 歩くことで 安定し、疲れたら 前にある 荷物を入れるところに 座ることが できます。

③歩行器

車輪が ついているものは、握る力や 上半身の筋力が低下している人が 利用するのに 向いています。

④車いす

- ●移乗前に、車いすのブレーキを かけます。
- ●腰を 奥へ引き、深く 座るようにします。
- ●足を 必ずフットサポートに 乗せます。
- ●アームサポートを 下ろすときに、腕を はさまないように 注意します。

＜自走用車いす＞

車輪の外側に、もう1つ 細い車輪（ハンドリム）が ついています。手の力がある 利用者は、自分の手で この車輪を 回して 移動できます。

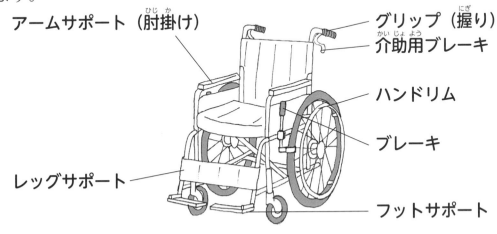

アームサポート（肘掛け）

グリップ（握り）

介助用ブレーキ

ハンドリム

ブレーキ

レッグサポート

フットサポート

<介助用車いす>
手で回す車輪が ついていません。
手に 麻痺がある 利用者のための ものです。
介護職員が 押して 移動します。

<リクライニング式車いす>

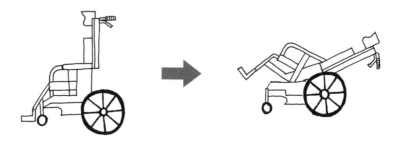

⑤電動ベッド

ベッド柵
（サイドレール）

ヘッドボード

介助バー

マットレス

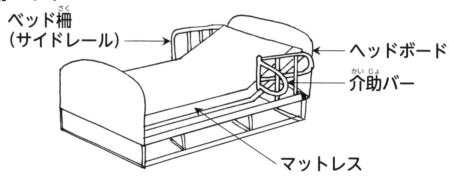

ベッドから車いすへの移乗

・利用者の　健側ふくらはぎの　ところまで　車いすを　近づけ、ベッドと　車いすの角度が　15〜20度になるように　車いすを　置きます。

・車いすの　ブレーキをかけ、フットサポートを上げて　おきます。

・介護職員の上半身で　利用者の上半身を支え、膝で膝を、つま先でつま先を、支えます。そして、利用者の　腰を、介護職員のほうに引きながら、立ち上がりを　介助します。

・しっかりと　立てたことを　確認し、健側の　下肢を　軸にして　腰を　回転させます。

・利用者と一緒に、ゆっくりと　腰を下ろして　車いすに　座ってもらいます。

・利用者が　車いすに　深く座れるように　します。

・最後に　フットサポートに　利用者の足を　片方ずつ　乗せます。

車いすからベッドへの移乗

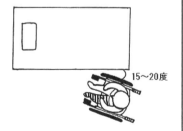

・車いすから　ベッドへの　移乗では、利用者の健側を　ベッドの足元側にして、ベッドと　車いすの　角度が　15〜20度になるように　車いすを　置きます。

（3）安楽な体位の保持と褥瘡の予防

①褥瘡（床ずれ）

長い　時間、同じ　姿勢で　いると、体重が　かかる場所の　血液の流れが　悪くなります。そのまま　長い時間が　経つと、その部分の組織が　死んでしまいます。これを、褥瘡（床ずれ）といいます。

褥瘡は　一度できてしまうと　短い間に　悪くなりやすく、高齢者では　治りにくいです。

特に　骨などが　出ているところに　褥瘡が　できやすくなります。

また、細菌が　入ると、感染を起こして　全身状態に　たいへん危険な症状を　起こすので　注意が必要です。介護職員が　気をつけ、褥瘡を　作らないことが、いちばん大切です。

②褥瘡の原因

＜圧迫＞

長時間の　同じ体位、寝具※10の重み、小さいパジャマによる　圧迫※11など。

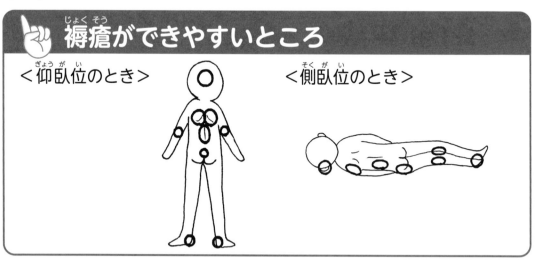

褥瘡ができやすいところ

＜仰臥位のとき＞　　　＜側臥位のとき＞

寝具※10：布団など　寝るための　道具。
圧迫※11：力が加わり、押されること。

第9章　こころとからだのしくみと生活支援技術

144

＜摩擦＞

　皮膚と　皮膚が　こすれたり、シーツや　寝具に　こすれたり、ベッドを　ギャッチアップしたときに、　ずり落ちて　こすれること。

＜からだの汚れと汗＞

　オムツの汚れや　皮膚の汚れ。汗をかいたまま　衣服が　湿っていないか、気をつけます。

＜全身状態の低下＞

・栄養が　足りない。
・血行障害（血液の流れが悪い）。
・からだの　動きが　悪くなった。
・熱さや　痛さを　感じなくなった。
・皮膚や　筋肉が　弱くなった。
・やせて　皮下脂肪が　減ってきた。

　これらの　全身状態の　低下に　気をつけましょう。

③褥瘡の予防

　褥瘡が　できてしまうと、治すために　たいへんな努力が　必要になります。

　下記の予防を　徹底して、褥瘡を　作らないケアを　しましょう。

POINT

3大ポイントは
・動く　・栄養
・清潔

＜座位の生活の確保＞

　同じところを　長い時間　圧迫しないようにして血行を　良くします。

　寝たままで　過ごさないように、食事や排泄を座って　行うことから　始めます。

<体位変換>

　ずっと　同じ姿勢で　いることの　苦しさや　疲れは、みなさんが　思っている以上に　つらいものです。

　からだの向きを　変え、圧迫を　受ける部位を　変えることを　体位変換　といいます。

　自分で　寝返りが　できない人には、2～3時間ごとに　体位変換を行い、圧迫を受ける部位を　変えることが　必要です。

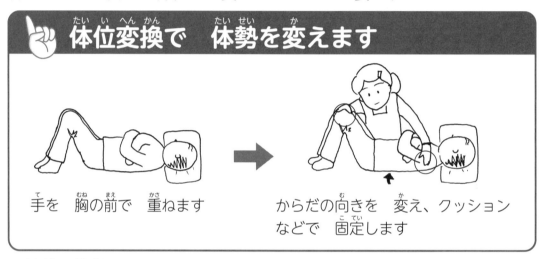

体位変換で　体勢を変えます

手を　胸の前で　重ねます

からだの向きを　変え、クッションなどで　固定します

<身体の清潔>

　入浴や　清拭は、皮膚を　清潔に保ち、血行を　良くします。

　オムツを　つけている人は、汚れたオムツは　早めに取り替え、濡れたままや　蒸れる※12のを　防ぎます。

<摩擦の防止>

　シーツや　パジャマに、しわや　たるみを　作らないようにします。

　電動ベッドは、少しずつ　動かします。

　ギャッチアップするときに、ずれて　下がった姿勢に　ならないよう気をつけます。

　ギャッチアップしたら、一度　前に　抱きかかえるようにして、利用

蒸れる※12：熱気や　湿気が　こもること。

者の上体を　ベッドから離してから　そっと戻すと、ずり落ちによる摩擦を　防げます。

＜良好な栄養状態の確保＞

　栄養状態を　良くするために、良質のタンパク質、高エネルギー、ビタミンを含む　バランスの良い食事を　食べるように　します。

④体位の種類

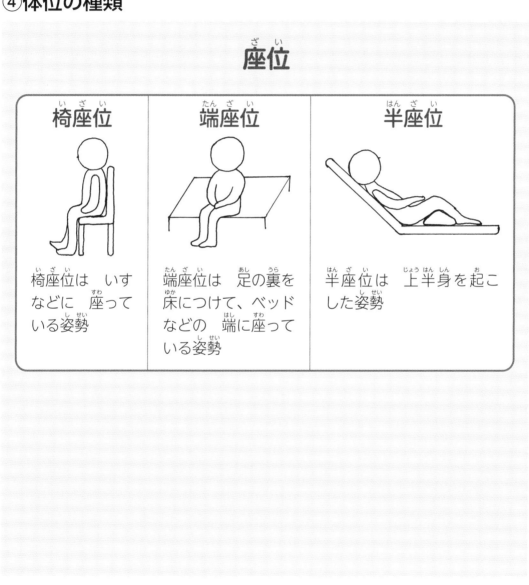

座位

椅座位

椅座位は　いすなどに　座っている姿勢

端座位

端座位は　足の裏を床につけて、ベッドなどの　端に座っている姿勢

半座位

半座位は　上半身を起こした姿勢

臥位

仰臥位（仰向き）	腹臥位（うつぶせ）

仰臥位は ベッドで 仰向けに 寝ている姿勢	腹臥位は うつぶせに 寝た姿勢

側臥位（横向き）

右側臥位	左側臥位
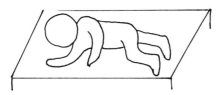	
右側臥位は 右手を下にして 寝ている姿勢	左側臥位は 左手を下にして 寝ている姿勢

8 食事

(1) 日本の食事の並べ方

　日本には　食事をするうえで　基本となる　食事の　並べ方が　あります。

　お茶碗（ご飯）を　左、お椀（お味噌汁）を　右に　必ず　置きます。

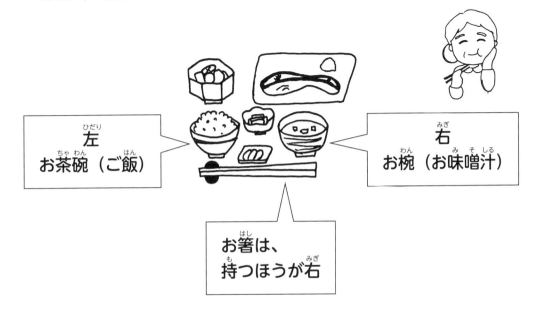

左
お茶碗（ご飯）

右
お椀（お味噌汁）

お箸は、
持つほうが右

（2）バランスのとれた食事

①三大栄養素

三大栄養素とは　からだを動かし　体温を保つための　エネルギーとなるものです。

- タンパク質…肉、魚、大豆、卵
- 脂質…油、バター
- 炭水化物（糖質）…米、小麦、そば、うどん

　特に、タンパク質は　私たちのからだの　筋肉や血液、皮膚、爪、臓器などを構成する　大切な栄養素です。

- 三大栄養素＋ビタミン、ミネラル＝五大栄養素

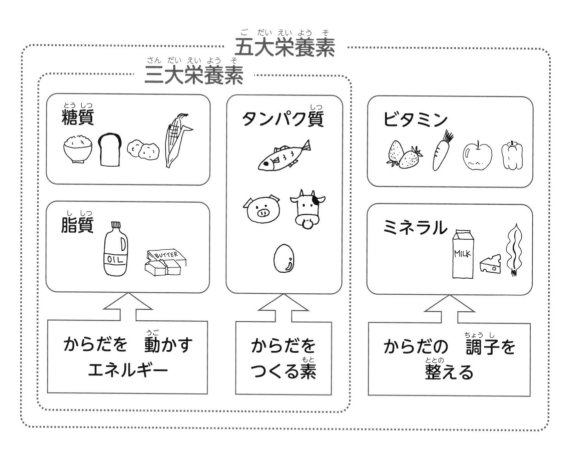

1日の　食事のなかで、下記を　バランスよく　とることが　大切です。

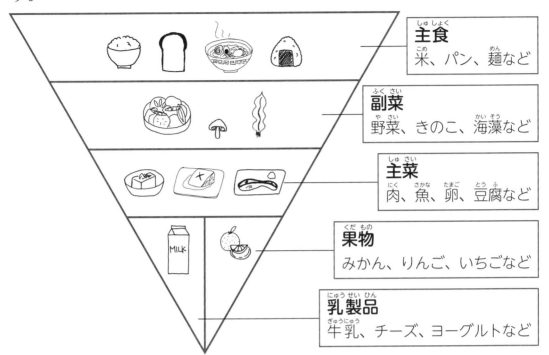

主食
米、パン、麺など

副菜
野菜、きのこ、海藻など

主菜
肉、魚、卵、豆腐など

果物
みかん、りんご、いちごなど

乳製品
牛乳、チーズ、ヨーグルトなど

(3) 食事の姿勢

- 食事のときは、できるだけ 車いすから いすに 移乗しましょう。
- 座位を 保てない人には、肘掛けのついた いすで クッションなどで固定します。
- 両足が 床につくように 座ります。
- 誤嚥をしないように、少し 前傾姿勢(前に傾いた姿勢) を とります。

POINT
- いすに座って 食事
- 前傾姿勢が ポイント

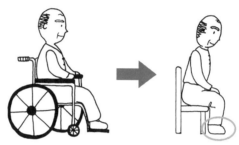

(4) 食事の介助

- 介護職員は いすに座り、利用者と 目の高さを 合わせて 介助します（立って介助すると、頭が 後ろに 傾いて、誤嚥しやすくなります）。
- 少し 前に傾いた 姿勢になるように、自分で 座っていられない人には クッションなどで 固定します。
- 誤嚥を 予防するために、食事の前に 飲み物を 飲むように すすめます。
- 必要な場合は 汁物・水分に とろみ※13をつけます。
- 一口一口、飲み込みを 確認しながら 介助します。
- 箸や スプーンは 下から 口に 入れます。

とろみ※13：とろりとしていること。粘りがあること。

（5）介護食の種類

普通食（常食）… 普通の　バランスのとれた　食事

かむ機能が低下した人

きざみ食 … 食べ物を　細かく切って　食べやすくした
食事

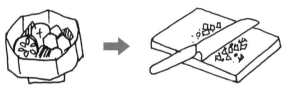

＊きざみ食は、誤嚥を　引き起こすことが　あるので、とろみ剤（食べ
物や飲み物に　とろみを　つけるための　粉）を利用したり、おか
ゆと一緒に　食べるなどの　工夫が必要です。

軟菜食（ソフト食）… よく煮たり　茹でることで、
柔らかく　舌でつぶせる　硬
さにした食事

飲み込む機能の低下した人

ミキサー食 … 食べ物を ミキサーにかけ、**液体状**[※14]に
した 食事

＊誤嚥を防ぐため、とろみ剤で とろみを つけることも あります。

ムース食 … ・柔らかく 調理したものを ミキサーなど
で ペースト状 もしくは ゼリー状にし
た 食事
・ミキサー食を とろみ剤などで ムース状
にした 食事

＊誤嚥を防ぐため、とろみ剤で とろみを つけることも あります。

液体状[※14]：水のような状態。

（6）脱水の予防

　高齢者は　のどのかわきを　感じにくくなったり、トイレ
へ行くのが　たいへんになってきて　水分を　控えたりする
ので、脱水に　なりやすいです。

　朝・昼・夕の食事の時間、午前・午後のお茶の時間、就寝前と、水分
を　こまめにとるように　しましょう。
　下痢や　発熱時には　水分が　失われるので、多めの　水分補給が
必要です。

★脱水の見つけ方
●唇や舌が　乾燥している。
●尿の量が　減っている。
●ぼんやりしていて　元気がない。
●食欲がない。
●熱がある。

第9章　こころとからだのしくみと生活支援技術

(7) 口腔ケア

口腔^{※15}ケアは、口の中を 清潔に 保つことで、口臭（口の くさい 臭い）をなくし、細菌が 増えるのを 防ぎます。

POINT
誤嚥性肺炎の予防は 口腔ケアから

細菌を含んだ 唾液を 誤嚥して 肺炎になる 誤嚥性肺炎の 予防や、全身の感染予防、口内炎（口の中や 唇に 起こる炎症）の予防に 効果があります。

①ブラッシング

介護職員は 使い捨て手袋を して、口の中を 清潔に します。

● 歯ブラシで ブラッシング。
● ウェットクロスを 指に 巻いて 口の中を 拭く。
● スポンジブラシで 口の中を 拭く。

<口を開ける>

利用者が 自分で 口を開けることが できないときは 介護職員は 使い捨て手袋をして、人差し指を 利用者の頬の 内側に入れて、唇を 押して 広げます。

<歯ブラシをあてる>

利用者の 口腔内の状況により 歯ブラシの 大きさや硬さを 選びます。

歯面は 90度に、歯と歯肉がついているところは 45度に 歯ブラシをあてます。

口腔^{※15}：口の中。

力を入れないで、**毛先**※16を 細かく左右に 振動させて 1歯ずつ
みがきます。

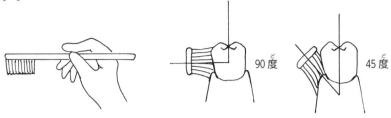

90度　45度

②入れ歯（義歯）の着脱方法
<外すとき>
　下あご→上あごの順に 入れ歯（義歯）を外します。
　部分入れ歯（義歯）は 外すときに 口の中に 落としやすいので、
注意が 必要です。口の中に 落ちた 部分入れ歯（義歯）を 飲み込
んでしまうことが あります。

上あごの入れ歯（義歯）の外し方

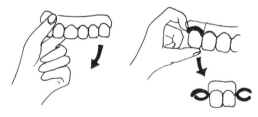

下あごの入れ歯（義歯）の外し方

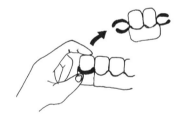

<入れるとき>
　入れる前に 口の中に 食べ物が残っていないか 確認します。
上あご→下あごの順に 入れ歯（義歯）を 入れます。

毛先※16：歯ブラシの みがくところの先。

★入れ歯（義歯）の清掃と保管方法

　毎食後、入れ歯（義歯）を取り外し、歯みがき粉は　使わないで、水かぬるま湯（熱くないお湯）で　入れ歯（義歯）用の歯ブラシで　洗います。

　寝る前は　入れ歯（義歯）を外し、ふたが付いた容器に　入れて、清潔な水か　入れ歯（義歯）洗浄剤に　入れておきます。

⑨ 入浴・清潔保持

日本では、シャワーを 浴びるだけではなく、ゆっくりと お風呂に入って からだを 温める習慣が あります。

お湯の中に 入ると、からだの重さがなくなって、膝や 肘なども 動かしやすく なります。

温まって、清潔に なって、気持ちが よいなぁ

(1) 入浴介助

- 入浴前に バイタルチェックをします。
- ストーマ（➡ 51 ページ）や 胃ろうなど、留置カテーテル※17の有無や 感染症や 病気を 知っておきます。
- 脱衣室と浴室を 温めておきます。
- 浴槽につかる時間は 5分程度にします。
- 恥ずかしいと 感じさせないように 注意し、バスタオルやタオルで 陰部を 隠します。
- シャワーは 健側の足元から 少しずつ かけます。

- 患側は 熱さや 冷たさを 感じにくい 場合が あります。
- 入浴中の めまい、脱水に 注意しましょう。

留置カテーテル※17：からだの中に 入っているチューブ。

①入浴中の事故防止

- 低めの温度に　します。
- **高温の湯**※18で　火傷しないように　注意します。
- 石けんやお湯で　滑りやすくなっているので　注意します。
- 温度差や、長湯による　立ちくらみ、脱水、熱中症などに　注意します。

②入浴後

お風呂から出たら、水分を　補給するようにします
（水分補給が　大切です）。

③緊急時の対応と注意点

- 入浴を中止し、平らな場所で　安静にします。
- 浴槽でおぼれたら、すぐに　栓を抜き、利用者の　顔を持ち上げて　気道を　確保します。
- 脳貧血の場合は　仰向けで　安静にします。
- のぼせたときは、冷水で　顔を洗うか　冷たいタオルで　顔を拭き、安静にして、水分補給を　します。

高温の湯※18：とても熱いお湯。

(2) 手浴・足浴

　手浴・足浴は　体調が悪くて　入浴できないときなどに　行います。特に足浴は、血行を良くし　よく眠れるようになります。

手浴　　　　　　　　足浴

(3) 清拭

　清拭は　病気などで　入浴やシャワー浴ができない場合、蒸しタオルで　からだを拭くことで　利用者の清潔を　保ちます。

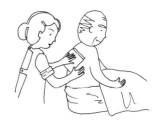

　皮膚を　清潔にすることで、すっきりして　気持ちが　よくなります。温熱刺激や　マッサージによって　血行が　良くなります。また、利用者と介護職員の　良いコミュニケーションの　機会になります。

★清拭のポイント

● 拭いているところ以外は　タオルを　かけておく。
● 蒸しタオルが　熱くないか　確認する。
● 指先、指の間、わきの下、乳房の下側など　曲がっているところは、広げたり　伸ばして　ていねいに　拭く。
● 陰部は　女性は　前から後ろへ、男性は　睾丸の　裏の　しわを　伸

ばしながら　拭く。

●顔や胸、背中を　拭くときは、汚れが　落ちやすいように　蒸しタオルを　しばらくあててから　拭く。

日本のお風呂の入り方（マナーを守りましょう）

①脱いだ服には　バスタオルを　かけておきます（脱いだ下着は　見せません）。

②湯船（浴槽）に入る前に、必ず　陰部を　石けんで洗い、シャワーを浴びてから　入ります（みんなが　入るお湯は　汚しません）。

③湯船（浴槽）に　タオルを　入れてはいけません（みんなが　入るお湯は　汚しません）。

④浴室の中で、簡単に　からだを　拭いてから　脱衣室（服を脱ぐところ）に出ます（脱衣室の床は　濡らしません）。

⑩ 排泄介助

排泄は、人間が生きていくために 必要な ことです。しかし、誰もが 人には見られたくない、自分でしたい と思います。

介護職員は、利用者が 安心して 気持ちよく 排泄できるように、また、恥ずかしい 思いをしないで ゆっくり 排泄できるように することが 大切です。

POINT

トイレで 座って 排泄

オムツの中に 尿や便を することは、とても 気持ちが 悪くて つらいことです。できるだけ、オムツを 使わないように、トイレや ポータブルトイレに 座って もらいましょう。

(1) トイレで座って排泄

トイレで 座って 排泄の姿勢を とることで、自然の排泄ができます。

ベッドで 寝たままでの 排泄は、とても難しい です。

また、トイレで ドアを閉めて、人の目を気にせず、ゆっくりと 排泄できる環境も 大切です。

高齢者にとっての 便秘は、苦しいだけでなく、とても 危険な状態 になることも 多いです。できるだけ、トイレで 座って 排泄できる

ように　支援しましょう。

　利用者に　尿意や　便意があれば、介助によって　トイレや　ポータ
ブルトイレに　座って　排泄をすることが　できます。

　プライバシーに　配慮し、恥ずかしい　思いを　しないで、ゆっくり
排泄できるように　することが　大切です。
　危険がなければ、便座に座ったら「終わったら　呼んでください」と
声をかけ、いったん外へ出て　ドアやカーテンを　閉めます。

　できるところまでは　自分で　やっていただき、できないところだけ
を　支援します。

自分で移動して　ポータブルトイレを　使う方法

　　自分で　ベッドから　起き上がれる人なら、自分で　ポータブルトイレに
移動して　排泄できます。

　　ベッドサイドに　ポータブルトイレを　つけて置き、介助バーを　使える
ようにします。

　　ポータブルトイレは　動かないように、重い　木で作られた　いす型のも
のを、ベッドと　高さを　合わせて、ベッドに　つけて　置きます。
　　背もたれと、上に　上げられる　肘掛けが　ついているものが　良いです。

＜方法＞
①ベッドサイドに　ポータブルトイレを　つけて置き、介助バーを　使える
　ようにします。
②介助バーに　つかまって　立ったまま　ズボンや　下着を　下ろします。
③ゆっくり　ポータブルトイレに　座ります。

(2) ベッドの上で排泄 （寝たきりの人で尿意や便意がある人）

　ベッドから　起き上がれない人でも、尿意や　便意がある人は、ベッドの上で　尿器や　便器を　使って　排泄できます。
　尿器や　便器を　お尻に　あてたら、人に見られないように、バスタオルや　布団を　上から　かけて　隠しましょう。介護職員は　ドアや　カーテンを　閉めて、外へ　出ます。

差し込み便器

尿器（男性用）

尿器（女性用）

(3) オムツ交換

①カーテンを閉め、ベッドの高さを調節します。
　始める前と後には、必ず　声かけを　します。

（利用者は上向き）
②利用者を　上向きにして、上半身に　バスタオルを　かけます。
　利用者の　膝を立て、手袋をつけ、「失礼します」と言葉かけをします。
③オムツのテープを　外して　開き、汚れが　漏れないように　内側に　折りたたみます。
④陰部洗浄をします。
　陰部清拭をします。

（利用者は横向き）

⑤利用者を　横向きにして、お尻と肛門部を　蒸しタオルで　優しく拭
　　き、赤くなっていないか、皮膚の状態を　観察します。乾いたタオル
　　で　押さえるようにして　水気をとります。

⑥汚れたオムツを　引き出して　汚物入れに入れ、手袋を　外して　ポ
　　リ袋に捨てます。

（利用者は上向き）

⑦新しいオムツを　あてて差し込み、利用者
　　を　そっと上向きにします。

⑧オムツをあてたら、股関節の　立体ギャ
　　ザーのところへ　指を入れて　外へ出しま
　　す。おなかが　きつくならないように　気
　　をつけながら、上のテープは　やや下向き
　　に、下のテープは　やや上向きに　留めます。

⑨ズボンを上げ、最後に、衣類やシーツなどに　しわがないか　確認し
　　手を入れて　伸ばします。しわがあると、褥瘡の　原因に　なります。

⑩排泄後は、部屋の換気を　十分に　しましょう。

（4）オムツの種類

リハビリパンツ	歩ける人。 歩行器などで 動ける人。	
紙オムツ（テープ式）	ベッドに 寝たままでも 取り替えやすい。 どこかに つかまっても 立つことが できない人。	
尿とりパッド	汚れた パッドだけを 交換できるので、経済的。 外出時でも 簡単に替えることが できる。 女性用　　　　男性用	

★テープ式 紙オムツ交換の ポイント

①尿とりパッドを 立体ギャザーの 内側に 入れます。

②オムツの 真ん中を 背骨の 位置に 合わせます。

③尿漏れ防止の 立体ギャザーを 足の つけ根に 沿うようにします。

④オムツの しわを 伸ばしながら、ずれないように、しっかりと 留めます。

⑤下側の テープを 左右 順番に 留め、次に 上側の テープも 左右 順番に 留め、からだに 合わせます（クロス止め）。

（5）認知症が及ぼす影響

認知症の症状
①中核症状：尿意・便意を　伝えられない。
②周辺症状：オムツを　取ってしまう。
　　　　　　トイレ以外の　場所で　排泄してしまう。

　下記を　試してみましょう。
●尿意を　伝えられない
　→落ち着かない様子が　あったら　トイレに誘う。
●トイレの場所が　わからない
　→トイレの表示を　わかりやすくする。

（6）便秘への対応

高齢者にとって、便秘は　生命の危険が　あります。
排便を観察し、3日以上　便が出ていなければ　責任者に　報告しましょう。
便秘を　予防することは、とても大切です。

★便秘の予防
①便意を感じたら、我慢しないで　排便をすることが　大切です。
　利用者は、恥ずかしい、申し訳ない、という気持ちから、排泄を　我慢することが多いです。
　我慢をしないで　排便できるような　環境を作りましょう。
②座位が　取れる人には、周りの目を　気にしないで　すむように、ドアを　閉めて、トイレに座って　排便する習慣を　つけましょう。

③水分を十分にとり、**食物繊維**※19が　たくさん入った　食事をとって
もらいましょう。
④活動性を　高める支援を　しましょう。

（7）下痢への対応

①心身の　安静と　保温を　します。
②水分補給：常温の水か　スポーツドリン
　クを　飲んでもらいます。
③感染の防止：排泄介助は　手袋をつけ、手
　洗い・換気を徹底します。

POINT
水分補給と
感染の防止が
大切

※ノロウイルスの　時期は、特に　注意が必要です。

食物繊維※19：野菜や果物に　多く含まれ、消化することの　できないもの。

11 睡眠

睡眠とは、こころとからだの　休息です。

必要な　睡眠量や　眠りの深さは、その日の　活動時間や　疲労の　程度によって、私たちの　からだがもっている　体内時計が決定します。

POINT

日中、太陽の光を　浴びると、夜によく眠れます

体内時計を　調節するのは　太陽の光です。

また、眠りに入れるようにする　メラトニンという　ホルモンは、光を浴びることによって　脳内で作られ、夜暗くなると　分泌が進み、眠くなります。

このように　太陽の光には、からだのリズムを　整えるはたらきがあります。

良い睡眠は、睡眠の長さだけではなく、睡眠の深さが　大切です。

●レム睡眠（浅い眠り）

からだは　休息状態なのに、脳は　わりと活発に　活動していて、目は　動いています。私たちが　夢を見るのは　レム睡眠の間です。

●ノンレム睡眠（深い眠り）

レム睡眠以外の　わりと　深い眠りの　状態のことです。大脳を休ませて　回復させる　眠りです。

私たちの　一晩の眠りでは、レム睡眠と　ノンレム睡眠が　くり返されています。

第9章 こころとからだのしくみと生活支援技術

171

（1）高齢者の睡眠の特徴

　高齢者は、運動の量が低下して　エネルギーの消費が　少なくなるため、必要な睡眠量も　少なくなっていきます。

　睡眠は　全体に浅くなり、睡眠を　続けたり　安定させることが　難しくなっていきます。

　体内時計による　リズムにも　変化が　見られるようになり、とても早く寝て、とても早く起きるように　なる場合が　あります。

　なかなか眠れない、夜中に　何度も　目が覚める、早朝に　目が覚めてしまう、ということが　多くなります。

　また、老化とともに　腎機能が変化すると、睡眠中に　トイレに起きる回数が　増えます。

　眠れないときは　睡眠薬を使う前に、生活リズムを　整えましょう。
- 昼は、太陽の光を　浴びます。
- 昼は、しっかり　活動します。
- 夕食後から　部屋を少し暗くして、ゆっくりと　過ごします。

（2）病気や薬の影響

　からだや　こころの　いろいろな　病気で、からだの　調子が　悪いと　不眠[20]になります。眠れないときに　飲む薬を　睡眠薬と　いいます。

　睡眠薬の　服用により、夜中に　トイレに　起きたときに　ふらつい

不眠[20]：眠れないこと。

て　転倒することが　あるので、注意が　必要です。
　高齢者では、薬が　長く　効いていることが　あります。
昼間に　寝ていることが　多くなったら、医師に　相談しましょう。
　アルツハイマー病、パーキンソン病、脳血管障害などで、不眠が　起こることがあります。

12 看取り

(1) 終末期の理解

　終末期とは、治療をしても　治る可能性がなく、死が　避けられない状態のことです。終末期の介護を、ターミナルケアと　呼びます。

　できるだけ　苦しくないように、こころが　穏やかに　自分らしさを保てるような配慮が　必要です。

　本人の　意思決定のために、チームで　くり返し　話し合うことが大切です。

(2) 終末期の変化の特徴

①終末期のバイタルサイン（生命のサイン）の変化

●呼吸が　変化することが　よくあります。苦しそうな　様子を見て家族は　不安になり、あわててしまうことが　よくあります。

　このような　呼吸状態は　自然の変化で、苦しさではない　ことを家族に伝えて、見守ることも　大切なケアです。

●呼びかけても　反応しないことが　あります。

　最期まで　耳は　聞こえていることを　家族に伝え、本人の手を握って　声をかけるように　家族を　支援することも　大切なケアです。

呼吸（こきゅう）	間隔が　不規則で、深さも　乱れてくる。
体温（たいおん）	低下することが　多く、手足が　冷たくなる。
脈拍（みゃくはく）	リズムが乱れ、弱くて　わかりにくくなる。
血圧（けつあつ）	下降し、だんだん　測定できなくなる。
意識状態（いしきじょうたい）	死が　近づくと　低下し、眠そうな時間が　長くなる。
チアノーゼ	酸素が　少なくなり、皮膚や粘膜が　暗青色になる（口唇や　爪で　目立つ）。

②死（し）の三徴候（さんちょうこう）

● 心拍動（しんはくどう）の　停止（ていし）
● 呼吸（こきゅう）の　停止（ていし）
● 瞳孔散大（どうこうさんだい）・対光反射（たいこうはんしゃ）の　停止（ていし）

(3) 尊厳死（そんげんし）

　尊厳死（そんげんし）とは、人（ひと）としての　尊厳を保（たも）ちながら　死を　迎（むか）えることです。人工呼吸器（じんこうこきゅうき）などの　医療装置（いりょうそうち）に　つながれるなど、延命（えんめい）だけを　目的（もくてき）とした　治療（ちりょう）を　しないものです。
　これには、事前（じぜん）の　本人（ほんにん）の意思表明（いしひょうめい）を含（ふく）め、家族（かぞく）が　本人（ほんにん）の希望（きぼう）かどうかを　確認（かくにん）しておくことが　重要（じゅうよう）です。

（4）苦痛の少ない死への支援

　死への　不安や　恐怖、死にたくない、苦しみたくない、という　死にゆく人の　苦しみに　寄り添って　支えましょう。

　残された時間を　どのように　過ごすか、何を求めているのか、ということに　寄り添いましょう。

　良い人生だった　と思って、こころ穏やかに　その人らしく　過ごせるように　支えましょう。

　利用者の　死を　迎え入れる　家族は、何か　変化が　起こるたびに不安になり、迷って、心配します。

　介護職員には、利用者の　家族の気持ちも　理解し、支援していくことが求められます。

　終末期の　介護では、利用者だけでなく、家族も含めて　ケアすることが　大切です。

　家族が、本人の　気持ちを　十分に　尊重しながら、「できる限りのことは　やった」と　思えるように　支援しましょう。看取った後に家族が　後悔しないように、十分に　お世話できた、と思えるように支援しましょう。

★ 終末期の介護のポイント
- 最期まで　一人の人格を　もつ人として　扱う。
- 身体的・精神的な　苦痛を減らす。
- 家族へのケア、死んで　別れることの　悲しみを支える。
- チームワークによる　はたらきかけが　基本となる。

第10章

生活支援技術演習

利用者の　心身の状況に　合わせた　介護を　提供する　視点と技術を　身につけましょう。

1 介護過程の目的・意義・展開

　利用者が　希望する生活の　実現に向けて、介護を　進めていくための　順番や　やり方を　**介護過程**と　いいます。
　利用者の　心身の状況や　周りの環境などの　**具体的な根拠**をもって　介護を　提供することが　大切です。

　利用者の生活を　支える活動は、ケアマネジメントの　プロセスに沿って、ケアチームによる　**チームアプローチ**※1が　行われます。
　専門職の間で、十分に　情報を共有し、同じ目標に　向かって　進むことが　大切です。

チームアプローチ※1：すべての　職員が　チームになって、ケアを　行うこと。

介護過程のサイクル図

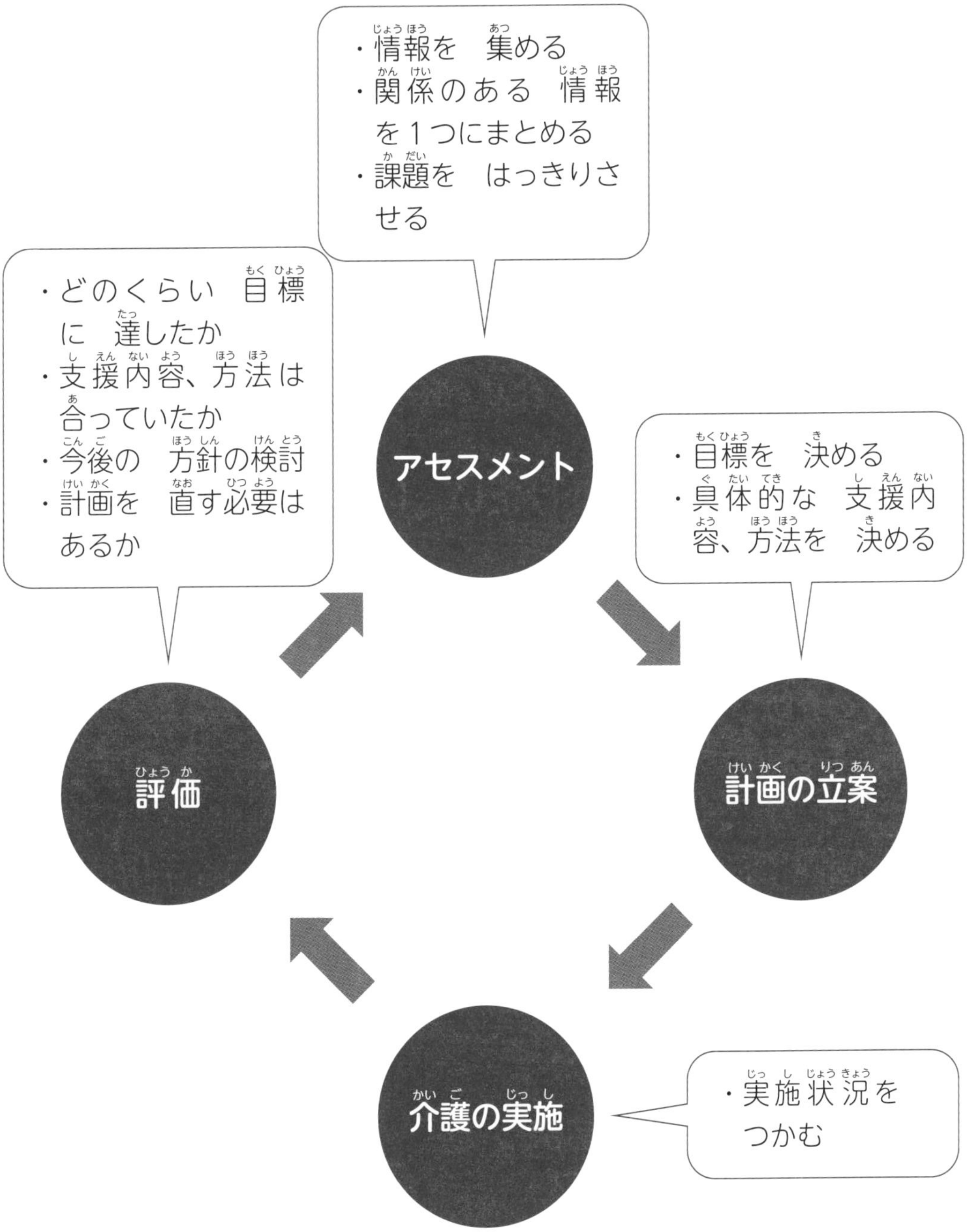

・情報を 集める
・関係のある 情報を 1つにまとめる
・課題を はっきりさせる

・どのくらい 目標に 達したか
・支援内容、方法は 合っていたか
・今後の 方針の検討
・計画を 直す必要は あるか

アセスメント

・目標を 決める
・具体的な 支援内容、方法を 決める

評価

計画の立案

介護の実施

・実施状況を つかむ

② 総合生活支援技術演習

①食べたくない、という人の　食事の介助
- 何が原因で　食べたくないのか？
  虫歯？　入れ歯が合わない？　病気？　食べ物の形や状態？
- おいしく　食べられる　ためには　どうすれば良いのか？
  とろみ剤の使い方、料理の仕方・盛り付けの工夫。

②できるだけ　外に出かけたいという　利用者の移乗・移動介助
- 着替え
- 身だしなみ
- 車いすの介助
- 歩行介助の実際

③歩行困難でも、自分で　排泄したいと思う　利用者の排泄介助
- ベッドサイドに　いす型の　ポータブルトイレを　置いて、自分でできないか？

④食べものが　のどに詰まった
- 食事の形は　合っているか？
- 飲み込みは　うまく　できているか？
- 姿勢は　前に　少し　傾いているか？

索引

編著者 紹介

甘利庸子

一般社団法人海外介護士育成協議会代表理事、介護施設協同組合代表理事、
社会福祉法人のぞみ福祉会理事長、のぞみグループ代表
介護支援専門員、薬剤師、臨床検査技師

外国人のための
やさしく学べる介護の知識・技術 改訂版

2022 年 1 月 15 日　初版発行
2023 年 7 月 10 日　初版第 2 刷発行

編集 ……………………一般社団法人 海外介護士育成協議会
編著 ……………………甘利庸子
発行者 ………………… 荘村明彦
発行所 …………………中央法規出版株式会社
　　　　　　　　　　　〒 110-0016　東京都台東区台東 3-29-1　中央法規ビル
　　　　　　　　　　　TEL 03-6387-3196
　　　　　　　　　　　https://www.chuohoki.co.jp/
装幀・本文デザイン…ケイ・アイ・エス
本文イラスト…………髙橋絵美
カバーイラスト………うめだまりこ
印刷・製本 …………株式会社太洋社

定価はカバーに表示してあります。
ISBN978-4-8058-8436-2

本書の内容に関するご質問については、下記 URL から「お問い合わせフォーム」にご入力いただきますようお願いいたします。
https://www.chuohoki.co.jp/contact/